안중근,
사라진 총의 비밀

한 그루의 나무가 모여 푸른 숲을 이루듯이
청림의 책들은 삶을 풍요롭게 합니다.

이토 히로부미를
저격하고

빼앗긴
M1900을
찾아서

안중근,
사라진 총의 비밀

이성주 지음 | **우라웍스** 기획

추수밭

사라졌지만 결코 사라질 수 없었던
안중근과 그의 총을 찾아서

〈잃어버린 총을 찾아서〉라는 프로젝트의 발상은 단순했다.

"안중근 장군이 하얼빈 의거에서 사용한 M1900을 복각한다."

중국 하얼빈에 있는 안중근 기념관에는 전혀 엉뚱한 총(브라우닝 하이파워)이 전시돼 있었고, 한국 남산에 있는 안중근 기념관에 전시된 총도 정확한 복각품이라기보다는 플라스틱 모델에 불과했다. 우리는 직접 안중근의 총을 정확하게 복각해서 이를 전쟁기념관과 안중근 기념관에 기증하는 것을 목표로 의기양양하게 프로젝트를 시작했다.

그런데 단순한 발상에서 시작한 프로젝트가 어느새 우리가 통제할 수 없는 수준으로 커지게 됐다. 잃어버린 총을 찾는 것을 넘어 M1900 실총을 구입하고, 하얼빈 의거 재현을 위한 사격 실험을 진행하고, 이를 바탕으로 총을 정밀하게 복각하고, 이 모든 과정을 다큐멘터리에 담아내고, 우리가 몰랐던 안중근이란 인물까지 재조명하는 것으로 확장됐다.

KBS가 프로젝트 취재에 나서면서 우리는 실제로 M1900을 발사해보기 위해 미국으로 갔고, '총번 262336'이 새겨진 M1900의 행방을 묻고자 일본으로 갔다. 그동안 진행된 역사 연구에서 총을 들여오거나 복각하는 선례는 많지 않았고, 참고할 수 있는 자료가 거의 없었기에 프로젝트 진행 중에 우리의 예상과 역량을 뛰어넘는 순간들이 수도 없이 찾아왔다. 이는 그만큼 안중근 장군이 사용한 총에 대한 연구나 노력이 부실했음을 의미한다.

비교적 최근까지 안중근 장군이 육혈포六穴砲(리볼버)를 가지고 이토 히로부미를 척살했다는 이야기가 퍼졌고, 실제로 인터넷에서 검색해보면 그런 기사와 기록이 나오기도 한다. 여기에는 여러 가지 복합적인 이유가 존재한다. 의거 당시에는 연발로 발사할 수 있는 총기가 오직 리볼버만 있다는 상식이 자리 잡고 있었고, '자동권총'이라는 신문물에 대해서는 무지했다. 그리고 하얼빈 의거 전후로 부정확한 정보들이 여기저기서 홍수처럼 쏟아져 나왔다. 무엇보다도 이런 이야기가 지금까지 이어져온 이유는 '자동권총이든 리볼버든 다 똑같은 총이 아닌가'라는 생각 때문일 것이다. 그러나 단언할 수 있는 것은, 안중근 장군이 자동권총 M1900을 사용하지 않았다면 하얼빈에서 이토 히로부미를 척살하지 못했을 수 있다는 것이다.

이 프로젝트는 단순히 안중근의 총을 찾는 이야기가 아니다. 총을 통해서 인간 안중근의 역사를 알아가는 과정 그 자체다. '그까짓 총'

이라고 말할 수도 있지만, 오히려 '그까짓 총'조차 모르고 무시해왔던 것이 지금까지 우리가 조명해온 안중근 장군의 전부였다 할 수 있을 것이다. 어쩌면 총은 안중근이란 인물을 알아가는 여정의 시작을 알리는 신호탄이었을지 모른다. 이 책을 쓰면서 나 역시 그동안 몰랐던 인간 안중근에 대해 좀 더 가까이 다가갈 수 있었고, 그를 통해 삶을 어떻게 바라봐야 하는지에 대해 고민할 수 있었다. 지난 20개월이 바로 그런 고민의 시간이었다.

이 프로젝트의 첫 단락을 마무리 짓는 시점에서 이런 질문을 던져본다.

"만족하는가?"

할 수 있는 모든 노력을 다했는지에 대해 스스로에게 몇 번이고 되물어봤지만, 후회는 없었다. 적어도 내게 있어 2019년은 '후회 없는 한 해'로 기억될 것 같다.

프로젝트를 진행하는 동안 함께해준 강준환, 이영상에게 감사한다. 혼자였다면 결코 이곳까지 오지 못했을 것이다. 묵묵히 일본까지 동행해준 설지운 PD와 프로젝트를 위해 개인 사정까지 뒤로 미뤄준 박현복 감독에게도 감사의 말을 전한다. 아울러 이 프로젝트에 직간접적으로 도움을 준 수많은 이들에게 지면으로나마 깊이 감사의 인사를 드린다.

2019년 10월 성북동에서
이성주

차례

1장

이토 히로부미는 누구인가

일본 제국주의의 기수들, '조슈 삼존'

이토 히로부미伊藤博文. 한국인들에게 그의 이름은 무척이나 익숙하다. 하지만 그가 어떤 인물인지에 대해 설명해 달라 하면 쉽게 말을 잇지 못할 것이다. 과연 이토 히로부미는 우리에게 어떤 의미일까?

정규교육 과정을 밟고 교과서 공부에 익숙한 사람들이라면 대략 이런 평가를 내릴 것이다. "조선을 침략했던 원흉이자 안중근 장군이 하얼빈 역에서 사살한 일본 고위 정치인."

만약 여기서 《바람의 검심》이나 《막부 풍운록》 같은 관련 시대를 배경으로 한 일본의 문화콘텐츠를 접해본 이라면 이 정도 정보까지는 얻을 수 있을 것이다. "메이지 유신을 이끈 막부 말기의 유신지사 그룹의 막내."

안중근 장군에게 쉽게 사살당해서일지도 모르겠지만, 한국인들에게 이토 히로부미는 어느 정도 과소평가된 부분이 있다. 일본 내에서도 이토 히로부미가 암살될 당시 여러 복합적인 이유 때문에 그의 죽음이 '축소'되긴 했다(물론 아예 무시하지는 않았다. 그의 장례가 '국장'으로 치러졌다는 사실을 기억해야 한다).

우리가 막연하게 생각하고 있는 것과는 다르게 이토 히로부미는 일본에서 '조슈 삼존'이라 불리는 거물이다. 일본 조슈長州(오늘날 야마구치현) 지역이 배출한 세 인물 가운데 하나라는 것이다.

그렇다면 이토 히로부미와 함께 삼존으로 불렸던 나머지 두 명은 누굴까? 첫 번째로 꼽히는 사람은 일본제국 육군의 아버지라 불려도 모자람이 없는 야마가타 아리토모山縣有朋다. 일본제국 제3대·9대 총리를 지냈고, 육군 장관과 참모총장 등 육군의 요직을 거친 인물이다. 청일전쟁 당시에는 제1군 사령관으로서, 뒤이은 러일전쟁에서는 사령관으로서 참전했다. 다시 말해 야마가타 아리토모는 일본 제국주의의 뿌리라 할 수 있는 '일본 육군'의 모든 것이라 할 만한 인물이다. 그는 태평양 전쟁 당시 일본 군인들이 달달 외웠던《군인칙유軍人勅諭》를 만든 장본인이자 일본군을 상징하는 옥쇄돌격과 가미카제神風의 뿌리라고도 할 수 있다.

야마가타 아리토모는 한반도에도 상당한 영향을 끼쳤는데, 그가 내놓은 주장 가운데 하나가 바로 일본의 '주권선'과 '이익선'이다. 이것은 일본이라는 나라의 독립 자위를 위해 제기된 국가 전략 개념으로, 주권선이란 말 그대로 일본의 국경을 의미한다. 여기까지는 한국인들도 수긍할 수 있겠지만, 문제는 국가의 영토를 넘어서 자국의 이

일본 군국주의의 지도자
야마가타 아리토모.

《군인칙유》를 낭송하고 있는 일본인 학생들.

익을 도모하기 위해 만들어진 범위와 경계를 가리키는 '이익선'이다. 그가 말하는 이익선에 포함되어 있는 것이 바로 한반도다. "이익선 이 침범당하면 국가의 주권선도 위험해진다. 이익선을 지키기 위해 서라도 군비를 확장해야 한다." 이것이 야마가타 아리토모의 주장 이었다.

조슈 삼존의 두 번째 인물은 이노우에 가오루井上馨다. 이토 히로 부미와 야마가타 아리토모에 비해서는 상대적으로 '덜' 알려진 인 물이지만, 조선과 한반도의 역사와 관련해서는 앞의 인물들보다 훨 씬 더 큰 영향을 끼친 사람이다. 굵직굵직한 사건 몇 가지만 꼽아보 겠다.

첫째, 1876년 〈강화도 조약〉을 체결할 당시 일본 외교대표단의 부 사로 조선 관리들을 농락했다.

둘째, 1884년 김옥균으로 대표되는 개혁파가 일으킨 갑신정변으 로 일본이 피해를 입었다고 주장하며 조선으로부터 배상금을 받아내 는 데 앞장섰다(갑신정변은 일본의 지원으로 일어난 정변이다).

셋째, 1894년 동학농민항쟁 때 조선군의 지휘권을 빼앗고, 일본군 을 동원해 동학군을 학살했다.

넷째, 1895년 명성황후 시해사건 직후 미우라 고로三浦梧楼 공사 의 후임으로 와 명성황후 시해사건의 가해자들(당연히 일본인들이었다) 을 모두! 단 한 사람도 빼놓지 않고 일본으로 빼돌렸다.

이 네 번째 사건에 대해 보다 자세하게 이야기하자면, 명성황후 시해사건의 피의자라 할 수 있는 48인은 〈강화도 조약〉에 명시돼 있 는 영사재판권을 근거로 일본으로 돌아가 법정에 회부됐다. 이 당시 민간인, 그러니까 '낭인(로닌浪人)'으로 분류된 이들은 히로시마 지방법원에 배당됐고 군인들은 5사단 군법회의에 회부됐다. 쉽게 예상할 수 있다시피 이들은 명성황후 시해사건 1년 뒤 모두 무죄로 풀려난다.

그리고 조슈 삼존의 마지막 인물, 우리 한국인들에게 가장 익숙한 이름인 이토 히로부미가 있다.

막번 체제의 해체와
메이지 유신의 성립

이토 히로부미는 흔히 이런 평가를 받는다.

"근대 일본을 만들었다!"

일본인들이 사랑하는 만화에서나 나올 법한 과장 같지만, 이런 호들갑스러운 평가는 엄연한 사실이다. 그는 1889년 2월 11일 발포된 일본제국 헌법 제정에 결정적인 역할을 한 이른바 '메이지 헌법'의 주역이다. 이 일만으로도 그가 일본제국의 근간을 만들었다 해도 과언이 아닐 것이다.

그의 인생을 간단히 정리하자면 끝없는 인정투쟁과 운의 만남이라고 할 수 있다. 이토 히로부미는 1841년 10월 16일 조슈 번의 하급 무사 집안에서 태어났다. 이때 주어진 이름이 하야시 리스케林利助였다. 농민 출신의 하급 무사 아들로 태어나 조상들과 크게 다르지 않은 삶을 살게 될 것이 예정된 그의 운이 극적으로 풀리기 시작한 시기는 그의 아버지가 이토 다케베伊藤武兵衛의 양자가 되면서부터였다. 이를 계기로 그도 무사계급의 말석이나마 이름을 올릴 수 있게 되었다.

이토 히로부미는 양할아버지에 이어 다시 운명적인 만남을 경험하게 된다. 바로 요시다 쇼인吉田松陰이다. 요시다 쇼인은 아베 신조 총리가 가장 존경한다는 인물로 유신지사들의 스승이자 근대 일본의 시작을 알리는 인물이며, 한반도를 정벌해야 한다고 주장한 정한론자였다. 그 스승에 그 제자들이라고 할 수 있다.

요시다 쇼인의 제자로 들어간 이토 히로부미. 여기서 그는 평생의 자산이라 할 수 있는 선배들을 만나게 된다. 쇼카손주쿠松下村塾에서의 생활을 통해 메이지 유신 막전 막후에서 활약한 쟁쟁한 인사들과 인연을 맺게 된다.

무미건조하게 말하자면, 이토 히로부미가 수상의 자리까지 올라갈 수 있었던 이유는 "선배들이 모두 죽었기 때문이다". 성공하겠다는 욕망은 강했지만, 검술 실력도 변변찮고 지위도 없었던 그의 눈앞에는 쟁쟁한 선배들이 가로막고 서 있었다. 그가 내세울 수 있는 장점이란 '영어를 잘한다'는 것뿐이었다. 전해지는 이야기에 따르면 이토 히로부미는 자신과 처지가 비슷했던 위인인 도요토미 히데요시豊臣秀吉의 초상을 그려놓고는 도요토미 히데요시처럼 처지와 역량의 한계를 극복하고 성공하겠노라 다짐했다고 한다.

사카모토 료마坂本龍馬에 의해 삿초薩長동맹이 결성되고, 뒤이어 1867년 일어난 대정봉환(타이세이호칸大政奉還)으로 일본은 근대로 달

려가게 된다. 그때 이토 히로부미는 무엇을 하고 있었을까? 당시만
해도 그는 그저 선배들의 잔심부름이나 하던 존재였다. 밥 짓고, 담배
심부름이나 하던 젊은이, 그게 이토 히로부미였다.

여기서 메이지 유신에 대해 간단하게 설명해보겠다. 페리 제독이
이끄는 이른바 '구로후네(흑선黑船)'가 1853년 출몰하기 전까지 일본
은 도쿠가와 가문이 이끄는 군사정권인 막부가 통치하던 시대였다.
막부란 일본 신분사회의 정점에 선 '덴노天皇'에게서 쇼군將軍이 권
력을 위임받아 통치하는 형태의 정부기구다. 쇼군이 덴노를 대신해
통치한다고 하지만, 당시 일본은 막부가 전국을 완벽하게 장악한 중
앙집권체제가 아니라 수십 개로 쪼개진 번(영지)을 다이묘大名(영주)
들이 다스리는 상황이었고, 단지 도쿠가와 가문이 위치한 에도江戶
와 막부 직할령인 덴료天領가 우두머리처럼 올라서 있는 형태였다.

이 쪼개져 있던 번들 가운데 좀 큰 곳들, 이른바 '사대 웅번雄藩'이
300년 가까이 이어져온 일본의 통치체제를 바꿨다. 사쓰마薩摩, 토사
土佐, 사가佐賀, 조슈長州 네 개 번이 연합해 막번 체제를 무너뜨린 것
이다. 비유를 들자면 1등을 쓰러뜨리기 위해 밑에 있던 2, 3, 4, 5등이
힘을 모은 셈이다.

물론 반反막부 연합이 결성되기까지 그 과정이 만만치는 않았다.
특히 당시 사쓰마와 조슈는 절대 서로 손을 맞잡을 수 없다고 할 정
도로 견원지간이었다. 이들을 중재해 불가능에 가까웠던 연합을 이
끌어낸 이가 바로 사카모토 료마다. 일본인들이 존경하는 위인을 꼽
을 때 전국시대 인물로는 오다 노부나가織田信長를, 메이지 유신 근간
의 인물로는 사카모토 료마를 선정하는 이유가 바로 여기에 있다.

안중근, 사라진 총의 비밀

삿초동맹을 이끌었던
사카모토 료마.

네덜란드 선교사 구이도 베르베크(가운데 안경 쓴 남자)
와 그가 가르친 무사 학생들. 사카모토 료마와 이토
히로부미를 포함한 메이지 유신의 주역들이라고 알
려졌지만, 그 진위 여부는 확실하지 않다. 1868년.

일본이 근대화에
성공한 이유

일본이 서구 제국주의 국가들에게 침략당하지 않고 근대화에 성공해 제국주의의 막내로 성장할 수 있었던 이유에 대해 여러 가지 주장을 접할 수 있다.

"일본이 에도 막부 시절 축적해 놓은 경제력 때문이다."

"근대화를 이루기 위한 유신지사들의 분투 때문이다."

"일본의 남다른 숭무崇武정신 때문이다."

이러한 주장들은 대부분 일본 내부의 어떤 '요인' 때문에 메이지 유신에 성공했다는 전제를 바탕으로 삼고 있다. 물론 일본이 가진 내부적 역량이 근대화를 성공시키는 데 어느 정도 영향을 미쳤을 것이다. 그러나 근본적인 요인을 찾자면 비슷한 시기에 근대화를 시도한 동아시아 삼국 가운데 일본이 유일하게 성공한 까닭은 결국 '운'이 좋았기 때문이다.

1853년 페리 제독이 이끄는 미국 해군 동인도 함대 소속의 함선 네 척이 태평양을 건너 일본에 내항했다. 이른바 '구로후네 내항 사건'이다. 이 막전 막후의 국제정치 상황을 살펴봐야 한다. 이 당시 서구 제국주의 국가 혹은 제국주의로 넘어가려 했던 나라들의 내부 상황이 어떠했을까?

당사국인 미국은 몇 년 뒤 남북전쟁에 휩싸이게 된다. 즉 외부로 시선을 돌릴 여력이 없었다. 그렇다면 제국주의의 선봉장인 영국과 영국의 라이벌인 프랑스, 그리고 이 당시 '유럽의 헌병'을 자처했던 러시아는 어땠을까? 이들의 사정도 미국과 별반 다르지 않아 1853년부터 크림전쟁에 뛰어든 상황이었다. 당시 유럽의 강국인 세 나라에 이탈리아의 맹주를 자처하던 사르데냐까지 이 전쟁에 뛰어들어 3년간이나 혈투를 벌였다. 당시 유럽의 열강들은 외부, 그중에서도 동아시아에까지 시선을 돌릴 여력이 없었다.

그렇다면 오늘날 영국, 프랑스, 이탈리아 등과 함께 유럽의 강국으로 꼽히는 독일의 사정은 어땠을까? 우리의 막연한 생각과는 다르게 이때는 아예 '독일'이란 나라 자체가 존재하지 않았다. 프로이센이 한참 통일을 위해 병력을 확충하면서 덴마크, 오스트리아-헝가리제국, 프랑스로 이어지는 전쟁의 도미노에 뛰어들기 직전의 상황이었다. 프로이센의 빌헬름 1세와 비스마르크가 독일 제2제국을 선포했던 시기는 보불전쟁의 승리 이후 베르사유 궁전 거울의 방에 들어갔던 1871년에 이르러서였다. 이 당시 독일 재상 비스마르크는 신생 독

위 | 일본인이 묘사한 구로후네 함선. 당시 일본의 서구 함선에 대한 두려움이 나타나 있다.

아래 | 1875년의 운요호 사건을 묘사한 그림. 일본은 구로후네 내항 사건을 모방해 조선을 침략하고 강화도 조약을 체결한다.

일제국의 기본적인 외교 방침을 '프랑스를 고립시킨다'로 삼고, 다른 강대국의 '이익'에 영향을 끼칠 수 있는 '대외팽창'을 최대한 억제한 채 외교적으로 프랑스를 포위시키는 전략을 구사했다.

이 모든 상황을 종합하면 다음과 같은 평가가 나온다.

"일본에 신경 쓸 여력을 지닌 제국주의 국가가 없었다!"

영국, 프랑스, 독일 등 제국주의의 선봉장이었던 유럽 열강들과 후발주자였던 미국, 러시아는 모두 전쟁 때문에 외부에 시선을 돌릴 틈이 없었다. 이 절묘한 역사적 진공상태에서 일본은 메이지 유신을 통해 제국주의로 넘어갈 수 있었다.

이토 히로부미가
권력을 잡은 이유

이토 히로부미도 마찬가지로 권력의 '진공상태'에 있었다. 유신지사가 활약하던 그 시기에 이토 히로부미는 검술이 취약했다. 결국 그는 자신보다 검술 실력이 부족해 보이는 이들만 골라서 그들에게 칼을 뽑아들었다. 당연히 존재감은 없었다. 그런데 그 미약한 존재감 덕분에 그는 살아남았다.

유신삼걸維新の三傑로 불리며 메이지 시대를 이끌었던 세 명의 남자가 있었다. 그중 두 명이 1877년에 목숨을 잃는다. 일본 수도를 교토에서 도쿄로 옮기고, 정한론에 반대하며 조선출병을 막은 것으로 유명한 인물인 기도 다카요시木戸孝允는 병으로 죽었고, 반면에 정한론에 찬성하며 정부에 대한 무력 반란(세이난 전쟁)을 시도한 사이고

다카모리西郷隆盛는 전쟁에 패배한 뒤 전사한다.

그리고 오쿠보 도시미치大久保利通가 있었다. 일본 근현대사를 모르더라도 일본 애니메이션과 영화(할리우드 영화인 〈라스트 사무라이The Last Samurai〉에도 나온다)에 빠지지 않고 등장하는 인물인 오쿠보 도시미치는 일본에서 최초로 내무경内務卿 자리에 오른 인물이다. 내무경이란 이름이 생소하게 들릴 수 있는데, 간단히 말해 '총리'라 볼 수 있다. 어쩌면 총리보다 더 큰 권력을 가졌다고 할 수 있다. 만약 그가 없었다면, 근대 일본은 없었을지도 모른다. 막부 정권을 쓰러뜨린 것부터 시작해 번을 현으로 대체해 중앙집권화를 촉진하고(폐번치현廃藩置県), 폐도령廃刀令을 선포해 무사들의 칼을 빼앗고, 조선과 강화도 조약을 체결했다. 그는 강력한 권력으로 중세의 일본을 근대의 일본으로 끌고 나간 독재자였다.

오쿠보 도시미치는 판을 완전히 갈아엎기 위해 어쩔 수 없이 '독재'를 선택했다고 추정된다. 그가 노회한 정치계산으로 사이고 다카모리를 자극해 '세이난 전쟁'을 유도하고 사이고 다카모리를 죽였다는 의견도 있지만, 그것은 지나친 해석이라 생각된다. 그리고 오쿠보 도시미치에게 후계자로 낙점을 받은 인물이 바로 이토 히로부미다.

그런데 한 가지 문제가 발생한다. 유신삼걸 중 두 명이 목숨을 잃은 그 이듬해인 1878년, 오쿠보 도시미치가 암살을 당한다. 메이지 유신 전후로 암살이 일상처럼 일어나는 일본의 분위기는 매우 흉흉했다. 죽음은 장지문 건너편에 늘 도사리고 있었다. 일본의 모든 권력을 휘어잡고 구체제를 지워버리려 애쓰는 자라면, 친구처럼 쫓아오는 죽음의 그림자 앞에 늘 각오가 서 있어야 했을 것이다.

유신삼걸이 모두 떠나자 권력의 진공상태가 생겼다. 이 빈자리를 이토 히로부미가 치고 들어왔다. 유신지사들의 잔심부름이나 하던 이가 일본 권력의 중추에 올라서게 된 것이다.

안중근, 사라진 총의 비밀

중세에서 근대로,
일본 지도자의 변화상

왼쪽 | 대례복을 입은 메이지 덴노, 1872년.
오른쪽 | 군복을 입은 메이지 덴노, 1873년.

이토 히로부미가
죽지 않았다면

역사에 '만약'을 넣는다면 어떨까?

"이토 히로부미가 하얼빈에서 죽지 않았다면, 근대 역사는 어떻게 바뀌었을까?"

1909년 10월 26일 그가 안중근의 손에 의해 사살되지 않았다면, 이후의 역사는 어떻게 진행됐을까? 일본은 이렇게 주장한다.

"안중근이 멍청했다. 그나마 일본 의사결정권자 중에서 가장 합리적이고, 평화적인 방법을 추구했던 이가 이토 히로부미였다. 그가 죽은 후에 한국은 바로 일본에 흡수되지 않았나? 이토 히로부미가 있었다면, 이런 무리한 합방은 없었을 것이다."

일본 측 주장만 그러했을까?

이토 히로부미의 죽음에 대한 국제사회의 반응은 상반됐다. 영국 등 제국주의 국가는 이토 히로부미의 죽음에 동정적인 반응을 보였다. 영국의 《타임스》는 이토 히로부미에 대해 "대한제국(한국)에서 일본의 정책과 통치에 처음으로 융화적 성격을 각인시킨 인물이었다"라 말하며 그의 죽음을 두고 "잔혹한 얄궂음이 느껴진다"고 논평했다.

이 '잔혹한 얄궂음'이란 표현에는 이런 의미가 담겨 있다. "조선을 위해서는 이토 히로부미가 있었어야 한다. 일본의 의사결정권자들 중 한국에 가장 우호적이었고, 유화적인 정책을 추진하던 인물을 한국인이 죽였다. 이토 히로부미가 죽은 직후 일본이 강제로 한국을 병합한 것을 보면, 그를 죽인 일이 실수였다는 것을 확인할 수 있다."

일어난 사건들만 바라보면 일부 이해가 가는 의견이다. 이토 히로부미가 암살된 직후 일본 강경파는 한국과의 병합을 강하게 주장했고, 일본 정부는 한국과의 병합에 속도를 높였다. 이 무렵 한국의 친일단체인 일진회는 대놓고 한일합방 청원 운동을 벌이며 한국 내의 분위기를 달궜다. 그렇게 이토 히로부미가 죽은 지 7개월 만에 일본은 영국에 한일 병합 조약에 대한 통보를 전한다.

"우리가 한국을 먹겠다."

당시 패권국이자, 일본에게는 중요한 파트너였던 영국에 대한 배려였다.

여기서 잠시 당시 일본과 영국의 특수한 관계를 들여다보자. 영국은 일본과 1902년에 동맹을 맺는데, 영일동맹은 일본이 제국주의 국가로 발돋움할 수 있는 계기가 되었다. 나폴레옹이 유럽대륙에서 사라진 뒤 급부상한 러시아의 남하를 견제하기 위해 영국은 동아시아의 파트너로 일본을 선택했다. 이는 특기할 만한 사안인데, 19세기 영국의 외교 정책은 외국과의 동맹관계를 피하는 '위대한 고립Splendid isolation'이었다. 이 정책이 깨진 것이 일본과의 동맹이었던 영일동맹이다. 일본은 영국과의 동맹으로 국제정치의 파트너를 구하게 됐고, 영국의 선진문물을 받아들일 수 있었다. 일본 해군력이 급성장할 수 있었던 이유가 바로 여기에 있다. 영국의 군함을 직수입했고, 이후 기술지원을 받아 자체 생산을 했을 뿐만 아니라 인력들을 교육하고 양성할 수 있었다. 만약 영일동맹이 없었다면, 러일전쟁에서 일본이 승리할 수 없었다고 확언할 수 있다. 러일전쟁 당시 일본의 전쟁자금을 지원한 나라가 바로 영국과 미국이었다.

그리고 1910년 8월 29일, 경술국치庚戌國恥가 일어난다.

이토 히로부미의 죽음에 대한 일본과 영국의 해석에 같이 휩쓸려 안중근 장군의 의거를 폄하하는 한국인들이 있을 정도니, 이 부분은 분명히 짚고 넘어가야겠다(1909년 일진회의 모습을 2019년에도 본다는 것은 가슴 아픈 일이다). 당연하겠지만, 한국 쪽 학자들의 생각은 다르다. 나 역시도 마찬가지다. 이토 히로부미의 죽음을 정확히 평가하기 위해서는 과거 이토 히로부미의 행적과 당시의 정치 상황, 그리고 이후의 역사를 살펴봐야 한다. 이 세 가지를 합쳐보면 이토 히로부미의 죽음이 한민족에게 어떤 영향을 끼쳤는지, 그리고 그의 죽음이 역사에 남긴 흔적은 무엇인지 확인할 수 있다.

비스마르크를
열심히 따라한 외교관

우선 이토 히로부미의 과거 행적이다. 이토 히로부미는 '외교관'이었다. 그가 평소에 따르고 좋았던 인물은 독일의 철혈재상 오토 폰 비스마르크Otto von Bismarck였다. 비스마르크가 강철과 피로 대변되는 '강경파 인사'라는 이미지가 생겨난 것은 1862년 그가 프로이센 주 의회에서 했던 연설 때문이다.

빈 조약 이래 우리는 우리의 건강한 정치적 통일체에 걸맞지 않는 형편없는 국경을 가지고 있소. 작금의 거대한 문제 앞에 이루어져야 할 결단은, 1848년과 1849년에 이미 범하였던 거대한 실수인 연설과 다수결이 아닌, '철과 피로써 이루어져야 할 것이와다.

비스마르크가 이 연설을 한 때는 그가 막 재상으로 취임한 이후였다. 그는 의회에 나가서 군비확장 법안을 승인해 달라고 요청했다. 프로이센은 1815년, 그러니까 나폴레옹 전쟁 시절부터 이때까지 상비군 숫자를 15만 명 수준으로 유지해왔다. 이 때문에 1848년 혁명을 진압할 때 병력 부족으로 애를 먹었던 기억이 있다. 의회에서 연설 내용의 핵심은 군비 증강을 승인해 달라는 것이었다.

여기까지만 보면 비스마르크가 전쟁에 광분한 강경파로 보이겠지만, 기본적으로 비스마르크는 외교관이었다. 1851년 그의 경력의 시작점도 외교관이었고, 그가 역사에 이름을 남긴 것도 외교관으로서의 탁월한 능력 덕분이다. 물론, 그가 전쟁을 일으킨 것은 사실이다. 그러나 비스마르크는 꼭 필요한 전쟁, 그러니까 독일 통일을 위한 불가피한 전쟁만을 했다.

비스마르크와 관련된 일화 중 '외교'에 관한 유명한 일화가 하나 있다. 누군가 비스마르크에게 '외교란 무엇인가?'라는 질문을 던졌다. 그러자 그는 "외교란 러시아랑 친하게 지내는 것"이라고 말했다.

비스마르크가 외교관으로 활동할 당시 독일 통일의 방법이 두 가지 나왔는데, 간략히 말하면 오스트리아를 포함시키는 대독일주의와 오스트리아를 제외하고 프로이센을 중심으로 한 소독일주의로 나눠졌다. 이때 이미 프로이센은 '관세동맹'을 통해서 독일연방 내의 다른 소국들과 경제적으로 끈끈한 연대를 맺은 상황이었다. 문제는 통일을 하기 위해선 게르만 민족 전통의 강자인 오스트리아랑 한판 붙어야 한다는 것이었다. 일종의 지역 예선이라고 해야 할까? 독일 내에서 누가 최고인지를 정해야 했다. 이것이 1866년에 일어난 '7주 전쟁'이라고도 불리는 '보오전쟁'이다. 프로이센과 오스트리아가 한 판 붙어서 누가 게르만 민족의 최강인지를 결정했다.

보오전쟁으로 프로이센이 독일 내 패권자가 됐다지만, 엄밀히 말하면 마인강 이북지역만 통일한 것이었다. 가톨릭 지역이었던 독일 남부는 프랑스 때문에 통합시키지 못했다. 완전한 통일을 위해서는 프랑스와 싸울 수밖에 없었고, 결국 싸워 이긴다. 이것이 바로 1870년의 보불전쟁이다. 이 두 번의 전쟁에서 승리한 배경을 군사학이나 전술적인 측면에서 이야기할 수도 있겠지만, 독일이 이길 수 있었던 이유를 단 하나만 고르라고 한다면 나는 비스마르크 때문이라고 말할 것이다.

선거 승패를 좌우하는 3요소를 흔히들 구도, 인물, 캠페인이라고 한다. 인물이 아무리 좋고, 선거 캠페인이 아무리 훌륭해도 선거 구도가 어떤가에 따라 당락이 결정된다. 전쟁도 마찬가지다. 전쟁의 전략 전술보다 더 중요한 게 국가의 전략이다. 즉 이길 수 있는 판을 먼저 만들어야 한다. 손자가 말했듯이 이기는 군대는 먼저 이겨 놓고서 전투를 한다. 보오전쟁이나 보불전쟁의 결과를 보면 알겠지만, 싸움에 있어서 프로이센은 숨어 있는 은둔 고수였다. 문제는 독일의 지정학적인 한계다. 독일은 선천적으로 포위돼 있었다.

중부유럽의 한가운데 위치한 독일은 서쪽 국경에는 프랑스, 동쪽에는 러시아, 아래에는 오스트리아-헝가리 제국이 있었다. 만약 독일이 서쪽으로 치고 들어간다면, 동쪽의 러시아가 어떻게 나올지 장담할 수 없다. 러시아를 다독여서 보오전쟁, 보불전쟁 기간 동안 주저앉힌 덕분에 독일은 통일을 이룰 수 있었다. 제1차 세계대전은 비스

지구본 위에 위태롭게 선 비스마르크.
왼발이 프랑스를 향해 뻗어 있다. 보
불전쟁 당시 프랑스에서 출간된 만평.
1870년.

마르크가 실각한 뒤 외교적으로 러시아를 제어할 수 없게 되자 독일 군부가 서쪽과 동쪽 양쪽 전선에서 전쟁을 해보겠다는 '슐리펜 계획'을 내놓은 바람에 처참하게 무너진 전쟁이었고, 2차 세계 대전 역시 서쪽과 동쪽 양쪽 전선에서의 압박을 버티지 못하고 독일이 패배한 전쟁이었다.

비스마르크는 이 포위된 지정학적 위치를 '외교'로 극복해낸 것이다. 이토 히로부미는 비스마르크를 존경했고, 그를 늘 모범으로 삼았다. 그는 기본적으로 외교와 협상을 통해서 자국의 이익을 늘려가겠다는 생각을 가지고 있었다. 그리고 각 단계별로 형식과 절차를 갖춰서 차근차근 접근해나갔다. 그렇다고 해서 이토 히로부미가 전쟁을 하지 않은 것은 아니다.

류큐국琉球國(지금의 오키나와)을 복속시킨 것도, 대만을 식민지로 만든 것도, 한국을 식민지 직전까지 몰고 간 것도 모두 전쟁을 기반으로 해서 얻은 결과다. 이토 히로부미는 전쟁의 결과 얻어낸 권한을 가지고 큰 잡음 없이 식민지 확보에 나서겠다는 것이지 식민지를 포기한 것이 아니었다.

겉으로는 평화적이었던
이토 히로부미의 속사정

이토 히로부미는 생전에 조선의 관리들이나 언론인, 백성들에게 상당히 유화적인 모습을 보여줬다.

"대한제국의 독립을 침해하지 않는다."

"대한제국을 일본에 병합하지 않겠다."

이는 말뿐만이 아니었다. 이토 히로부미는 자신의 여자와 함께 한복을 입고 사진을 찍을 정도로 한국에 유화적인 모습을 보여줬다. 그러나 이건 어디까지나 표면적인 모습일 뿐이었다. 그가 이런 모습을 보인 이유는 간단했다.

"우선은 한국인들의 반발을 잠재워야 한다."

그는 한국을 완전한 식민지로 만드는 것과 보호국 정도로 놔두는

을사오적 중 하나였던 이지용(오른쪽)과
한복을 입은 이토 히로부미(가운데).

것을 가지고 저울질을 했다. 한국을 보호국으로 생각했던 이유는 간단하다.

"당장 들어갈 비용을 생각해야 한다. 완전한 식민지로 만들었을 때 들어갈 행정·사법 시스템의 비용, 그리고 교육기관 설치에 필요한 비용을 생각해야 한다. 이것이 해결된다고 하더라도 한국을 지키고 통제하기 위한 방위비용이 얼마나 들지도 고려해야 한다. 결정적으로 한국을 식민지로 만들었을 때 열강들이 어떤 반응을 보일지 고민해봐야 한다."

완벽하게 식민지로 만들어 장악하기보다는, 보호국으로 만들어 일본이 이권만을 뽑아먹는 것이 이득이라는 판단이었다. 실제로 1907년 이토 히로부미는 한일 병합에 대한 당위성은 인정했지만, 현실적 문제를 고려해서 당장의 병합에는 반대했다. 1907년에 이 이야기가 나온 것은 당시 조선이 헤이그에 밀사를 파견하는 사건이 발생했기 때문이다. 이로 인해 일본 조야에서는 당장 한국을 병합해야 한다는 의견이 제기되기 시작했다.

외교관이었던 이토 히로부미는 '피를 흘리지 않으면서도 원하는 목적을 얻어내는 것'에 집중했다. 이토 히로부미가 러일전쟁 직전 러시아와 비밀 회담을 가지고 전쟁을 막아섰던 것은 그가 평화주의자거나 한국에 대해 우호적인 감정을 가져서가 아니라 냉정하게 이해타산을 따지는 현실주의자였기 때문이다.

여기서 이토 히로부미가 그렇게 노력했음에도 군부를 통제할 수 없었다는 사실에 주목해보자. 이는 그가 죽은 뒤의 상황을 살펴보면 알 수 있다. 이토 히로부미의 가장 큰 정적은 그의 후임이 된 야마가타 아리토모였다. 즉 이미 군부 안에서 힘을 잃은 이토 히로부미가 죽자마자 그의 라이벌이었던 야마가타 아리토모가 '권력의 공백상태'를 재빨리 이어 일본의 군국화와 한일 병합의 속도에 박차를 가한 것이다.

단순한 사실관계만 보면 이토 히로부미가 죽었기 때문에 한일 병합이 빨라졌고 일본의 군국화를 막을 수 없었던 것처럼 보인다. 그러나 일본의 군국화는 이토 히로부미의 유무에 관계없이 이미 착실하게 진행돼온 사안이었다. 야마가타 아리토모의 2차 내각 때였던 1900년 야마가타는 이미 '군부대신 현역무관제'를 제도화했다. 육군대신과 해군대신은 반드시 현역 대장이나 중장 가운데서 임명해야 한다는 제도였는데, 이 때문에 내각 자체를 붕괴시킬 힘을 '군대'가 가지게 됐다(실제로 일본 육군은 이 제도를 활용해 사이온지 내각을 붕괴시키기도 했다). 이는 이토 히로부미가 군부를 통제할 상황이 아니었음을 잘 보여준다.

더 중요한 것은 안중근 장군의 거사 당시 이토 히로부미의 나이다. 이 당시 68세였던 이토 히로부미는 그 자연수명이 거의 다 됐던 상황이다.

그렇다면 이토 히로부미를 제거하든 제거하지 않았든 무슨 차이가 있느냐는 질문이 있을 수 있다. 실질적인 효과를 생각하면, 이토 히로부미기 살아 있있을 경우 한일 병합은 이렇게 급속도로 거칠게 이뤄지지 않았을 것이다. 외교적 수순을 다 밟고, 정치적 안배를 다 마친 후 '확실하게' 병합에 들어갔을 것이다. 이 경우 태평양 전쟁의 패전 이후 한국의 운명이 어찌되었을까를 생각해봐야 한다. 비약일지

도 모르지만, 오키나와가 지금까지 독립하지 못하고 있는 상황을 생
각해보자. 이처럼 한국이 일본에 완벽하게 종속되었을 가능성은 그
리 높다고 할 수는 없겠지만, 아예 불가능한 이야기도 아닐 것이다.

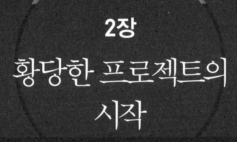

2장

황당한 프로젝트의 시작

우연한 발견과
예상치 못한 전개

"저거 브라우닝 하이파워인데?"

뒤돌아보니 이 '황당한' 프로젝트는 이렇게 시작되었다.

총을 좋아하는 40대 남자 셋이 뭉쳤다. 그리고 밀리터리와 총기 분야를 전문으로 다루는 유튜브 채널 〈건들건들〉을 개설했다. 당연히 주변의 시선은 곱지 않았다. 대한민국에서 40대 남자가 가지고 있어야 할 물적·정서적 자격들을 요구하는 시선. 그 시선에 '총'은 들어가 있지 않았다.

그렇게 총을 가지고 콘텐츠를 만들어가다가 우연찮게 중국 하얼빈에 있는 안중근 기념관에 총기 모델로 브라우닝 하이파워가 전시돼 있는 것을 확인했다. 실제 안중근이 사용한 총 모델과는 다른 것이었다.

"중국 공안들은 장난감 총도 예사롭지 않게 보는 사람들이잖아."

"자기네 영웅도 아닌데 전시품에 그렇게 많이 신경 쓰지는 않았을 거야."

호기심은 이어졌다. 한국의 안중근 기념관, 독립기념관, 전쟁기념관을 비롯해 독립운동 관련 기관들을 찾아봤다. 놀라웠다. 어디에도 안중근이 하얼빈에서 사용한 총을 가지고 있지 않았다. 실물은 고사하고 동일 기종의 복각품도 없었다. 한국 안중근 기념관에 플라스틱 덩어리 총이 하나 덩그러니 놓여 있음을 확인한 것이 전부였다.

"우리가 하나 만들어 볼까?" 2018년 4월의 일이었다.

〈잃어버린 총을 찾아서〉 프로젝트에 대해 알리자 안중근 기념관에서 기증 받고 싶다는 연락이 왔다. 알고 보니 안중근 기념관 쪽에서도 전시된 총에 대해 불만이 있었다.

우리는 이렇게 의사를 전했다. "안중근 장군이 하얼빈에서 의거를 했던 날이 10월 26일이니 올해(2018년) 10월 26일에 총을 건네겠습니다."

그러자 기념관 쪽에서 일을 더 크게 만들었다.

"그것도 좋지만, 좀 더 의미 있게 내년에 하죠."

"내년이요?"

"내년이 안중근 장군 의거 110주년입니다."

"아……!"

그렇게 프로젝트는 1년이란 시간을 벌게 됐다. 애초의 목표는 안중근이 실제로 사용한 총 모델인 'M1900'의 오리지널 설계도를 입수해 CNC(수치 제어 공작 기계)로 복각하는 것이었는데, 시간이 더 생기자

FN사의 브라우닝 하이파워 권총(위)과 M1900(아래).

이야기가 달라졌다.

처음엔 일이 이렇게 커질 것이라 생각하지 못했다. '없으니 만들자'란 단순한 생각. 그런데 여기에 호기심이 더해졌다. "왜, 지금까지 없었던 거지?"

M1900은 총기계의 레오나르도 다빈치라 할 수 있는 존 모지스 브라우닝John Moses Browning의 초창기 작품이다. 오늘날 전 세계에 뿌려진 수많은 자동권총의 형식미가 이때 다 완성됐다고 할 수 있다. 그런데 총 자체가 예쁘지 않아서 그런지, M1900을 모형화한 곳이 없었다.

참고할 만한 자료와 총기를 확보하기 위해 우선 일본의 사정을 살펴봤다. 개라지 형태(플라스틱 키트 모델)로 소량 생산된 것을 제외하면 M1900은 없었고, M1900의 다음 버전인 M1910은 생산되고 있었다. M1910 모델을 참고하기 위해 일본 모형총기 업체에게 의견을 물어보다 묘한 기류를 느꼈다.

"왜 그 총(M1900)을 만들려는 거죠?"

업체에게서 이런 질문을 되받으니 그때서야 어렴풋이 느끼게 됐다. 일본에서는 암묵적으로 M1900을 만들지 않은 것은 아닐까? 우리에게는 영웅의 도구였지만, 그들에게는 '흉총凶銃'이 될 수 있었다.

생각해보면 일본으로서는 M1900을 만들지 않는 것이 당연한 행동이었다. 일본은 안중근 장군이 독립운동의 아이콘이 될 것을 두려워했다. 1910년 재판 당시에도 유례없이 빠른 법정 절차를 거쳐 사형을 선고하고 집행했다. 안중근의 유해 역시 상징이 될까 봐 암매장을 했다. 그렇다면 의거에 사용했던 총은 어떻게 된 것일까? 일본은 당시 검찰이 증거품으로 압수를 했다가 1923년 관동대지진 당시 '분실'했다고 말하고 있다. 아마도 모르고 잃어버렸다기보다는 분실당한 '척'하는 것으로 보인다. 일제는 당시 안중근 장군의 흔적을 지우기 위해 갖은 노력을 다했다.

진실은 관점의 차이라 볼 수 있지 않을까? 서로의 입장에 따라 바라보는 시각이 다르다는 것을 확인하는 순간이었다. 어쨌든 일본에도 총이 없다는 것을 확인한 순간, 결론은 간단했다.

"없다면 우리가 직접 만들어야지."

왜
안중근의 '총'인가?

이런 질문을 많이 받았다.

"왜 하필 총인가?"

"똑같은 총이 없다고 해서 안중근 의사를 추모하지 못하는 것은 아니지 않은가?"

안중근 장군을 기리기 위해 만든 수많은 영상물과 창작물을 살펴봤다. 영화에서 뮤지컬까지 모든 작품을 살펴봤지만, 안중근 장군의 총은 'M1900'이 아니었다. 그나마 고증에 가장 근접한 작품이 1979년의 북한 영화 〈안중근 이등박문을 쏘다〉였다. M1900의 복제품인 '64식 권총'을 사용했다(64식은 M1900을 카피했지만, 탄환은 7.62밀리미터×17밀리미터 탄이다. 32구경 탄은 탄환 지름이 7.65밀리미터다).

M1900과 그렇지 않은 총 사이에 무슨 간극이 있을까? 밀리터리 마니아의 고증에 대한 단순한 고집에 불과한 것일까?

광화문에 서 있는 이순신 장군 동상의 비밀을 알고 있는가? 이순신 장군 동상의 얼굴이 누구의 얼굴인지에 대해 알면 놀랄 것이다(동상의 제작자 김세중의 얼굴을 본 딴 것이라는 의견이 있다). 물론 이순신 장군 동상 이전에도 예술가들의 이런 행동은 많았다. 라파엘로 산치오Raffaello Sanzio가 그린 〈아테네 학당The School of Athens〉의 중심에 위치한 플라톤의 모델이 누굴까? 라파엘로는 자신의 스승이었던 레오나르도 다빈치를 모델로 플라톤을 그렸다. 그래서 플라톤은 대머리가 됐다. 이와 비슷한 제작자의 의도가 이순신 장군 동상에도 가미된 것이다.

또한 이순신 장군이 입고 있는 갑옷은 조선식 갑옷이 아니라 중국식 갑옷이다. 그리고 제작자 측에서는 현충사에 있는 칼을 참고해 만들었다고 하지만, 이순신 장군의 손에 들려 있는 칼은 실제 이순신이 사용한 조선식 '쌍룡검'이 아니라 일본도다. 그런데 이 칼이 일본도인 것보다 중요한 것은 이 칼을 쥐고 있는 손이 오른손이라는 사실이다. 오른손에 칼을 든 것은 명백한 패장敗將의 항복을 의미한다. 광화문에 있는 이순신 장군 동상은 우리 민족의 기상을 보여주는 것이 아니라 패배의 역사를 보여주는 절망적인 조형물일 수도 있다.

그럼에도 M1900 복각에 별 의미를 두지 않을 수도 있다. '그래봤자 총'이라고 단순하게 넘길 수도 있겠지만, 박물관에 있는 수많은 '유물'들을 생각해보자. 집필된 기록 이전에 유물은 그 자체로 하나의 '역사적 현장성'을 담고 있고 당시 사건의 구체성을 알리는 중요한 '물적 증거'가 될 수 있으며 시대를 관통하며 후대에게 역사를 해석하는 틀을 남겨준다. 유물을 배제한 안중근 장군의 이토 히로부미 저격 사건은 "안중근이란 인물이 이토 히로부미를 사살했다"라는 사실의 나열만 있다. 그러나 여기에 'M1900'이 들어간다면, 이 사건에 '의미'와 '개연성'을 더할 수 있다.

일반적인 리볼버 권총을 사용할 경우 4초란 짧은 시간 안에 모든 총탄을 다 쏟아낼 수 없다. 격발 간격이 자동권총보다 훨씬 더 길기 때문에 세 발을 쏘기 전에 안중근이 체포됐을지도 모른다. 아울러 당시 리볼버 권총은 위력이 강하기 때문에 탄막 사격(부대 단위로 일제히 한 지점을 향해 가하는 포격)은 가능할지라도 개인의 정밀한 조준 사격용으로는 부족한 점이 있었다. 안중근이 당시로서는 최신식인 M1900을 가지고 거사를 치렀던 이유가 여기에 있다. 즉 안중근은 사전에 치밀한 계산에 의해 M1900을 선택했다. 현대 권총 사격법으로도 상식 밖이라 할 수 있는 '한 손 격발'로도 매우 정확한 사격이 가능했던 이유는 M1900과 7.65밀리미터 탄이 한 손으로도 충분히 반동을 받아 낼 수 있게 만들어졌기 때문이다.

'총기 복각'에서
'사격 재현'으로

2018년은 방법을 강구하고, 시도하고, 좌절했던 시간의 연속이었다. 처음 M1900의 설계도를 확보하겠다고 결심한 뒤 우리의 머릿속에는 점점 '실총'에 대한 강한 갈증이 생겼다.

"이 당시 총은 지금처럼 기계에 의해 가공된 것이 아니라, 사람이 직접 손으로 깎고 붙여서 만든 거잖아. 설계도는 같아도 사람의 손을 탔기 때문에 미묘하게 다 다른 총이 나왔어."

"열처리 기법도 지금과는 매우 달랐지."

"당시의 총 설계도는 정확한 수치를 적어놓은 설계 시방서 같은 것이 아니라, 냉정하게 말하면 총기의 형태를 개략적으로 보여주는 것밖에 안 됐어."

이 모든 논의는 결국 '실총 확보'로 모아졌다. 이때부터 이야기가 복잡해지기 시작했는데, 가장 큰 문제는 '비용'과 '행정 협조'였다. 한국은 '총기 청정 국가'였다. 한국의 성인 남성 대부분은 군대에서 돌격소총의 분해결합과 사격, 소부대 전투 전술을 몸에 체득한 상태이지만, 일단 사회에 나오고 나서부터는 총을 접할 기회가 없다. 엄격한 총기 통제 덕분에 민간에서 총을 구할 수 있는 방법은 극히 제한적이다. 그리고 반대로 말하자면, 이런 엄격함 덕분에 한국이 안전하다고 말할 수 있다. 총기 제한이 풀렸을 때 벌어질 일들과 이로 인한 사회적 비용 발생을 생각한다면, 지금의 한국이 훨씬 더 살기 좋은 나라라는 것은 인정해야 한다. 총기는 끝까지 규제해야 할 대상이다.

국내에 총을 들여오는 일은 어렵다. 동시에 상태가 괜찮은 M1900을 구하는 것은 더욱 어렵다. 오랜 논의를 거친 끝에 이 두 가지 난점을 피해 가는 방법이 나왔다.

"미국에서 M1900을 빌려서 실리콘밸리에 있는 3D 프린팅 업체에 맡긴다. 여기서 복각에 필요한 값을 확보한 다음 이 데이터를 국내에 들여와 총을 제작한다."

문제는 이런 클래식 총기를 대여할 때 주인의 까다로운 요구를 어디까지 받아주느냐는 것이다. 아예 분해하지 말 것을 요구하는 주인도 있다. 게다가 총기를 대여하는 비용도 상당히 높았다. 이런 여러 난관들이 예상됐지만, 그럼에도 이 방법이 가장 무난하고 확실한 편이었다. 여기에 욕심이 더해졌다.

"기왕 여기까지 온 거 실사격을 해보자."

이렇게 해서 나온 방안이 바로 필리핀행이다.

〈잃어버린 총을 찾아서〉 프로젝트를 시작할 때는 단순히 '총을 만드는 다큐멘터리'를 찍는 정도였는데, 어느 순간부터 '사격 재현을 위한 다큐멘터리'로까지 일이 커져버렸다. 기왕에 실총을 확보할 것이라면, 한 번은 쏴봐야 한다는 생각이 자연스럽게 들었던 것이다.

"안중근 장군이 사격 실력이 좋았다고 말하는데, 실제로 얼마나 뛰어났는지 확인해보고 싶어."

"6초 만에 네 개의 목표물을 향해 일곱 발을 발사했다지. 목표로 했던 이토 히로부미에게 세 발을 명중시켰고, 세 명의 수행원에게 각각 한 발씩 명중시켰다고."

"바로 7미터 거리에서."

의거 당시 안중근 장군은 약실에 한 발, 탄창에 일곱 발까지 총 여덟 발이 장전된 M1900을 소지하고 있었다. 이토 히로부미에게 세 발을 명중시켰고, 이후 수행하던 하얼빈 주재 일본 총영사관 총영사 가와카미 토시히코川上俊彥의 오른팔에 한 발, 수행비서였던 모리 야스지로森泰二郎의 왼쪽 허리에 한 발, 남만주 철도주식회사의 이사 다나카 세이지로田中清次郎의 왼쪽 다리에 한 발을 명중시켰고, 한 발은 남만주철도주식회사 총재 나카무라 제코中村是公의 외투를 뚫었다.

관련 학자들과 전문가들의 의견을 모아보니 사격과 표적 확인에 걸린 시간은 6초 내외였다. 이 6초 중 사격 시간은 길어봐야 2초 내외이고, 4초 정도가 표적 확인과 조준에 걸린 시간이었다고 우리는 판단했다. 또한 팔 길이 등을 고려했을 때 안중근 장군은 이토 히로부미를 7미터 정도의 거리에서 저격했다고 판단했다. 이 모든 밝혀낸 사실을 토대로 실사격 재현에 필요한 조건을 갖추어야겠다는 생각을 하게 됐다.

M1900을 확보해서 필리핀으로 가져와 실총 사격을 하고, 이 총을 분해해 복각에 필요한 값을 확보한다는 계획이 추진됐다. 역시나 문제가 많았다. 빌린 총을 필리핀까지 공수해 오는 것도 문제지만, 필리핀도 국가이기에 행정 소요가 아예 없는 것이 아니었다.

결국 원점으로 돌아갔다.

"실총을 사자!"

총에 품격을 더하다

내가 지켜본 이 '바닥' 사람들은 쓸데없는 데서 고품질을 추구하는 것에 유달리 집착한다. 전공 분야가 어떻든 간에 내가 '이쪽 사람들'이라고 판단 내린 사람들이 보여준 모습이 그러했다. 지난 1년 반 동안 이들을 지켜보면서 느낀 한 가지는, '나는 일반인이라 다행이다'였다. 이 프로젝트 기간 동안 주로 어떤 대화를 나눴는지 그 단편만 살펴보겠다.

"1900년 당시의 기술력으로는 지금처럼 블루잉bluing 처리를 하지 않았어."

"요즘 총들은 대부분 세라코트cerakote잖아?"

"그렇지. 도료(페인트) 뿌린 다음에 구워버리지. 옛날 총 재현하겠다고 블루잉하는데, 요즘 복각한 총이나 모델 건에서 사용하는 블루잉은 예전과는 달라."

"1900년에 FN사에서는 어떤 방식을 썼는데?"

"러스트 블루잉!"

"100년 전 쓰던 방식인데 재현 가능해?"

"자료 찾았어."

"약품은?"

"이번에 200만 원어치 주문했어."

"필요한 건?"

"없어. 스틸 종류별로 맞춰서 시험해 봐야지."

일반인들이라면, 이게 무슨 말인지 알기 어려울 것이다. 쉽게 설명하자면 이렇다. 총은 쇠로 만들고, 쇠는 녹이 슬기 마련이다. 녹스는 과정을 최대한 방지하기 위해 먼저 녹슬게 하는 작업이 바로 '블루잉'이다. 요즘에 나오는 총들은 '세라코트'라는 방식으로 처리되는데 이는 도료를 뿌린 뒤에 '구워' 버리는 것이다. 오븐에 넣고 돌린다고 생각하면 이해가 빠를 것이다. 그렇다면 블루잉은 어떻게 하는 것인가? 간단히 말해서 화학약품에 넣어서 산화피막을 강제로 만들어주는 것이다. 은은한 푸른빛이 감도는 검은색 총은 대부분 이렇게 만들어졌다. 총에 관심이 있다면 '건 블루'라는 말은 종종 들어봤을 텐데, 바로 이렇게 블루잉 처리된 총을 '건 블루'라고 부른다.

나와 함께 〈건들건들〉을 진행하는 환장(강준환)은 1900년에 FN사가 쓴 러스트 블루잉 방식을 찾아내서 이 방식으로 블루잉 처리를 하자고 강력하게 주장했다(본인이 블루잉 담당자이기도 하다).

1 산성 용액을 금속에 바른다.

2 끓는 물에 담갔다가 꺼낸다.

3 녹슨 부분을 제거하고 오일을 발라준다.

▲ M1935를 러스트 블루잉 처리하는 과정(Richard Dubey의 사진). WikimediaCommons 제공.

"기왕 복각하는 건데, 최대한 똑같이 하자."

쓸데없는 고퀄리티다. 지난 1년 반이 그러했다.

그러다가 마침내 이런 소식이 들렸다.

"FN사가 생산한 실총 M1900을 구했다."

별로 감흥은 없었다. 이 문제로 속 끓인 시간 때문인지, 별다른 감정이 들지 않았다. 환장은 털썩 주저 앉아 긴 한숨을 뿜어내더니 "담배 있냐?"라는 말로 에둘러 그 동안의 속내를 내비쳤고, 우리 회사 대표는 "통관! 배송!"을 외치면서 다음 단계를 말했다. 기쁨의 탄성은 오히려 주변인들에게서 나왔다.

노스캐롤라이나주 그린즈버러에서 총기상을 하고 있는 딜러에게 '딜러 확인증'을 받을 때 딜러의 반응이 가장 극적이었다.

"이제까지 총포상을 하면서 M1900을 실제로 만져본 건 처음이다. 게다가 상태가 너무 좋다. 실 사격을 해도 전혀 무리가 없어 보인다. 이런 영광을 줘서 고맙다."

'영광honor'이란 단어가 미국에선 일상적인 단어지만, 그래도 기분은 나쁘지 않았다. 이 총의 행선지가 대한민국이란 말에, 총기 딜러는 더 놀라워했다.

"나도 한국에서 근무했다."

그는 주한미군이었다. 내친 김에 한국 전쟁기념관에 이 총이 들어갈 것이라 말하자 더 놀라워했다.

"전쟁기념관을 가봤다. 거기에 기증하는 건가?"

'영광'이란 말이 더 길게 이어졌다.

안중근, 사라진 총의 비밀

"재밌잖아"
"우리가 처음이잖아"

처음 FN사의 M1900을 구하자는 말이 나왔을 때 우리 팀의 머릿속은 복잡하게 굴러갔다.

"생산량이 70만 정이 넘어가니까 작정하고 찾아보면 나올 거야."

"총기 옥션에서 간간히 등장하던데?"

"문제는 관리 상태지."

110년이나 된 총이다. 그 관리 상태가 어떨지에 대해 장담할 수 없다. 아니, 관리 상태가 좋아도 문제였다. 값이 엄청날 텐데 그 비용을 어떻게 구할 것인가?

이 프로젝트를 하는 동안 가장 힘들었던 것 중 하나가 '돈'이었다. 총 값, 복각 비용, 행정 비용, 다큐멘터리 촬영 비용 등등 숨만 쉬어도 돈이 나간다고 해도 좋을 것이다.

여기에 생각지도 못한 미국 실사격 촬영까지 결정되면서 우리가 처음 책정했던 예산안은 '상상 속의 문서'가 됐다. 프로젝트 초반에는 돈 걱정이 별로 없었다. 그래도 이쪽 바닥에서의 '경험치'가 있어서 두세 군데 스폰서와 연락이 닿았고, 실제로 두 군데에서 스폰서 제안이 들어왔다. 그러나 스폰서는 성사 직전에 부결됐는데, 이유는 '시진핑' 때문이었다. 미중 무역 분쟁이 심화되자 미국 본사에서 마케팅을 포함한 모든 홍보 및 사회공헌 사업을 정지시켜버렸던 것이다.

재미있는 것은 스폰서가 나가떨어지고, 회사의 자체 예산으로 모든 것을 해결해야 하는 상황에서 팀원들의 반응이었다.

"해야지."

한번은 술자리에서 팀원들에게 이렇게 물어봤다.

"우리 이거 왜 하지?"

우문이라고 해야 할까? 여기에 흥미로운 답변들이 튀어나왔다.

"재밌잖아."

"우리가 처음이잖아."

민간인이 총을 들여와 기증을 한다는 것. M1900을 가지고 안중근 장군의 하얼빈 의거를 재현한다는 것. 이 총을 가지고 CNC로 복각해서 기증한다는 것. 이 모든 과정은 대한민국에서 처음 시도하는 일이었다. 그만큼 두 번은 하고 싶지 않을 정도로 지치고 힘들었지만, 말 그대로 "재미있었다". 그래서 힘닿는 데까지 가보자고 생각했다. 나중에 우리를 촬영하던 박현복 다큐멘터리 감독이 한마디했다.

"돈 벌어다 총기를 복각하는 데 쏟아붓는 것이 아니라, 쏟아붓기 위해 돈을 버는 거 같다."

그때도 똑같은 말을 했다.

"재밌잖아."

"우리가 처음이잖아."

총기 옥션을 뒤지고, 건 브로커와 접촉하는 3개월 동안 우리는 다음과 같은 경지에 이르렀다.

"이제 눈 감고도 M1900 분해결합을 할 수 있을 거 같다."

복각을 위한 설계도를 보고, M1900과 관련된 자료와 영상을 확인하고, 총기 옥션을 뒤지는 것이 일상이었다. 최소한의 생계를 위해, 아니, 총을 사고 복각하기 위해 돈을 벌어야 했다.

세계 시장에 총은 넘쳐났다. 블랙 프라이데이(미국에서 연중 가장 큰 규모의 쇼핑이 이루어지는 날) 때 어지간한 권총은 300~700달러 수준에 팔리는 것을 봤다. 우리나라 K-5의 민수용 버전인 라이온 하트도 상당히 '싼' 가격에 팔리고 있었다. 최신 상품으로서 총기는 차고도 넘쳤지만, M1900은 보이지 않았다.

국내 모형총기 유통사에서 건 브로커를 통해 총기를 구해보자는 제안이 들어왔다. 일은 훨씬 수월하게 진행됐지만, 문제는 가격대였다.

"상태 좋은 녀석을 구하려면, 1만 달러부터 시작해야 할 겁니다."

일동이 선선히 고개를 끄덕인 것을 보면 지금도 신기하다. 나만 빼고 다들 부자인 것 같았다(그건 아니지만). 당시 우리가 구하고 접촉할 수 있는 모든 루트의 업체와 사람들을 만났다. 한국을 대표하는 모형 업체 쪽부터 시작해서, 민간의 실총사격장, 건 브로커, 방산지정업체는 물론 미국에 살고 있는 대학교 시절의 동창들까지 동원할 수 있는 모든 것을 다 끌어왔다.

M1900은 어떻게든 작정하면 더 '쉽게' 구할 수 있었을지도 모른다. 문제는 M1900 앞에 붙은 문구였다. "상태가 괜찮은 M1900." 이때쯤 우리들은 내심 말은 안했지만, M1900만 확보한다면 '하얼빈'을 재현할 수 있겠다는 생각을 하고 있었다.

그렇게 3개월이 흘렀다. 이제는 포기할까를 생각하던 그때, 미국에서 연락이 왔다.

"그 총 구했다."

〈잃어버린 총을 찾아서〉 프로젝트의 퇴로가 차단되는 순간이었다.

3장
그날을 결정한 '6초'

의거 성공 요인 1:
안중근은 죽음을 각오했다

그곳에 이르니, 러시아 고관과 군인들이 많이 나와 이토 히로부미를 맞이할 준비를 하고 있었다. 나는 찻집에 앉아 차를 마시며 기다렸다. 9시쯤 되어 특별 열차가 도착했다. 환영 인파가 인산인해人山人海였다. 동정을 엿보며 혼자 생각하기를, '어느 시간에 저격하는 것이 좋을까?' 하며 미처 결정을 내리지 못할 즈음, 일행이 기차에서 내려오니 의장대가 경례하고 군악소리가 울리며 귀를 때렸다. 그 순간 분한 생각이 용솟음치고 3천길 업화業火가 머릿속에 치솟아 올랐다.

'어째서 세상 일이 이같이 공평하지 못한가. 슬프다. 이웃 나라를 강제로 뺏고 사람의 목숨을 참혹하게 해치는 자는 이같이 날뛰고 이같이 천지를 횡행하고 다니는데 어질고 약한 우리 민족은 왜 이처럼 곤경에 빠져야 하는가.'

울분을 참으며 용기 있게 뚜벅뚜벅 걸어 군대가 늘어서 있는 뒤편에 이르니, 러시아 관리들이 호위하고 오는 사람 중에 맨 앞에 누런 얼굴에 흰 수염을 한 조그마한 늙은이가 있었다.

'저자가 필시 이토 히로부미일 것이다.'

이렇게 생각하고 바로 단총을 뽑아 그를 향해 네 발을 쏜 다음, 생각해보니 그자가 정말 이토 히로부미인지 의심이 갔다. 나는 본시 이토 히로부미의 얼굴을 모르기 때문이었다.

만약 잘못 쏘았다면 일이 낭패가 되는 것이라 다시 뒤쪽을 보니 일본인 무리 가운데 가장 의젓해 보이며 앞서 가는 자가 있었다. 그를 향해 다시 세 발을 이어 쏘았다. 만일 무관한 사람을 쏘았다면 일을 어찌하나 하고 생각하는 사이에 러시아 헌병이 나를 체포하니 그때가 1909년 10월 26일(음력 9월 13일) 상오 9시 반쯤이었다.

그때 나는 곧 하늘을 향해 큰 소리로 '대한 만세'를 세 번 부른 다음 헌병대로 붙잡혀 갔다.

_안중근, 《안응칠 역사》 중에서

M1900 사격 재현을 위해 수많은 자료를 확인했다. 주변 상황을 다 배제하고, 오로지 '사격'과 '표적 제거'에 한정해서 안중근이 의거에 성공할 수 있었던 요인을 꼽는다면 세 가지였다.

첫째, 죽음을 각오한 경우에는 표적을 제거할 수 있는 방법이 더 많아지고, 확실해진다.

둘째, 이토 히로부미라는 '캐릭터' 덕분에 거사에 성공할 수 있었다.

셋째, 안중근 장군은 명사수다.

의거가 일어난 당시의 상황을 묘사한 장면도.
1909년 11월 4일 《도쿄일일신문》 '특집화보'에
실렸다.

'죽음을 각오한'이라는 표현 때문에 '자살공격'을 떠올릴 수도 있겠는데, 여기서 말하는 죽음이란 '퇴로가 없는 경우'를 뜻한다. 만약 안중근이 '이토 히로부미를 사살한 다음 탈출하겠다'고 생각했다면 M1900을 사용하지 않았을 것이다. 사수가 생환한다는 전제가 깔려 있다면, 우선 떠올릴 수 있는 것은 원거리 저격 혹은 시한폭탄과 같은 실행자의 안전을 보장하는 방법들이다. 원거리 저격에 한정한다면, 사격 포인트의 범위는 더욱 줄어든다. 경호하는 쪽에서도 저격 포인트를 예상하고 포인트 지역을 중심으로 병력을 배치하거나 예방책을 강구할 것이다. 영화나 드라마에서 대통령 또는 여러 귀빈들의 행사 때 저격병이 주변의 높은 건물에 위치해 있는 것도 모두 '원거리 저격'을 염두에 둔 행동이다.

안중근 장군은 죽음을 각오한 상황이었기에 이토 히로부미의 근거리까지 다가갈 수 있었다. 실제 사격 거리는 7.25미터라는데, 팔 길이 등을 감안한다면 7미터 정도에서 사격을 했던 것으로 보인다. M1900에 들어가는 7.65밀리미터 탄, 즉 32ACP탄은 위력이 강한 군용탄이라기보다는 호신용 권총탄이라 볼 수 있다. 위력이 약한 대신 반동이 적어서 한 손 사격을 해도 안정적인 사격 자세를 유지할 수 있다. 32ACP탄으로 저격에 성공하려면, 저격 대상에 상당히 가까이 다가가야 한다. 그렇기에 안중근 장군은 이토 히로부미의 코앞까지 다가가 네 발을 발사하고, 이 중 세 발을 그의 몸에 명중시킨 것이다. 또한 총에 맞은 이가 이토 히로부미가 아닐 가능성에 대비해 안중근 장군은 그를 수행하던 인원 세 명을 향해서도 각각 한 발씩 발사했다.

이 사격 장면에 대해서는 안중근의 저서 《안응칠 역사》의 원문을 살펴보면 더 구체적으로 알 수 있다. 그는 이토 히로부미를 향한 발사에는 '쾌사快射'라는 표현을 썼다. '쾌사로 네 발을 발사'라는 말은 총을 뽑자마자 네 발을 최대한 빨리 연달아 쏘았다는 것을 의미한다. 그런 다음 뒤따라오는 일본인 수행원에게 세 발을 '연사連射'했다는 표현이 나온다. 초반에 쏜 네 발은 급작사격으로, 세 발은 수행원들을 대상으로 한 발씩 명중시켰다는 의미다.

하얼빈 의거 당시 총에 맞은 일본인이 정확히 몇 명인지에 대해서는 의견이 분분하다. 이토 히로부미를 제외하고 수행원 세 명이 맞은 것인지 네 명이 맞은 것인지에 대한 의견이 갈리는 것이다. 앞에서도 언급했지만, 남만주철도주식회사 총재 나카무라 제코의 외투를 뚫은 총알까지 더한다면 네 명이 맞다. 아이러니한 사실은, 주적인 이토 히로부미는 안중근 장군의 총격에 사망했지만 총에 맞은 다른 수행원들은 모두 천수를 누렸다는 것이다.

처음부터 퇴로를 생각하지 않았기에 가능했던 거사였다. 만약 M1900을 들고 '생환'을 전제로 한 작전을 펼쳤다면, '맞으면 맞고, 아니면 말고' 식으로 허공에 몇 발 난사하고 끝났을지도 모른다. 그렇다면, 우리가 아는 1909년 10월 26일의 하얼빈은 이토 히로부미가 참석한 행사에서 군중의 난동이 일어났다고 기록됐을지도 모른다.

의거 성공 요인 2:
이토 히로부미의 과시욕

이토 히로부미의 캐릭터도 생각해봐야 한다. 이토 히로부미는 오늘날의 표현을 빌리자면 '자기 정치'를 했던 인물이다. 하얼빈에서 러시아의 재무장관인 코콥초프와의 회담이 결정됐을 때 러시아 측에서 경호 문제를 두고 협의를 요청했다. 자신들의 관할 안에서 이루어지는 회담이었고, 코콥초프는 당시 러시아 정치권에서는 소위 '실세'로 불리는 인물이었기에 자국 장관을 생각해서라도 러시아는 경호에 신경을 써야 했다. 그러나 이토 히로부미는 러시아 측에 최소한의 경호만을 요청했다. 자신을 보러 온 일본의 환영 인파를 고려했던 것이다. 과시욕이었다.

그 결과 안중근은 하얼빈 역사까지 무사히 접근할 수 있었다. 우덕순이 담당했던 채가구蔡家溝 역에서는 러시아의 철저한 검문 때문에 우덕순이 체포된다(우덕순은 처음에는 안중근의 동지로 하얼빈 의거에 동참했지만, 1920년대 들어 변절해 일본의 밀정으로 활약했다는 주장이 나오고 있다).

안중근 장군과 그 동료들은 하얼빈 일대의 구역을 나눠 저마다 담당 지역을 정하고 10월 26일 각자의 자리에서 이토 히로부미가 나오면 사살할 것을 약속했다. 이토 히로부미를 태운 특별열차는 채가구 역을 지나 하얼빈 역에 도착했고, 하얼빈 역을 담당했던 안중근 장군이 이토 히로부미를 사살한 것이다.

안중근 장군은 당시의 상황을 이렇게 회상한다.

… 만일 이번 기회를 놓치면 다시는 일을 도모하기 어려울 것이다. 그러하니 그대는 여기 머물러 기회를 기다려 행동하고, 나는 오늘 하얼빈으로 돌아가 두 곳에서 일을 치르면 더욱 확실한 것이다. 만일 그대가 일을 성공하지 못하면 내가 성공할 것이요, 만일 내가 성공하지 못하면 그대가 성공해야 할 것이다. 두 곳에서 다 뜻대로 되지 않는다면 다시 활동비를 마련해 다음에 거사하는 것이 가장 좋은 방책일 것이다.

_안중근, 《안응칠 역사》 중에서

만약 열차가 채가구 역에 섰다면 역사는 어떻게 변했을까? 역사는 우덕순을 어떻게 기록했을까? 어찌되었든 이토 히로부미의 과시욕 덕분에 안중근은 기회를 잡을 수 있었고, 그 이후의 결과는 교과서에 실린 그대로이다.

의거 성공 요인 3:
안중근은 명사수였다

이토 히로부미의 과시욕이 기회를 만들었다고 하더라도 안중근 장군의 뛰어난 사격 솜씨가 없었다면 거사는 성공하기 힘들었을 것이다. 하얼빈 의거를 재현하기 위해 자료를 준비하는 과정에서 우리는 '안중근 장군이 총을 잘 쏜다'는 기존의 평가를 재확인할 수 있었다. '암살'이란 개념으로 접근했을 때 사수는 표적의 표면적이 가장 큰 정면 혹은 배면을 노리게 된다. 이는 사격의 성공률을 높이는 것뿐만 아니라 뱃속 장기들을 노리는 것이 가능하므로 보다 치명적인 효과를 얻을 수 있다.

그러나 안중근 장군의 하얼빈 의거는 통상적인 암살의 형태와 달랐다. 이토 히로부미에게 명중한 세 발의 탄환 중 1탄과 2탄은 오른

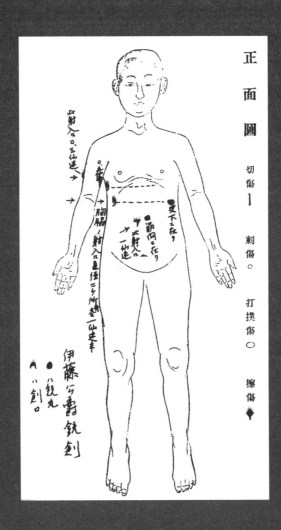

이토 히로부미 주치의가 그린 이토 히로부미 진단 도면.

쪽 상박 어깻죽지에 맞았는데, 1탄은 보다 위쪽에, 2탄은 그 아래에 박혔다. 이 탄들은 팔을 뚫고 들어가 몸통으로 돌진했다.

사격 장면을 구체적으로 재현해보면, 안중근 장군의 사격 솜씨가 보통이 아니라는 것을 확인할 수 있다. 당시 이토 히로부미는 하얼빈 역에 도열해 있던 각국 대사, 일본 관료, 청나라 군대, 러시아 의장대 등을 사열했다. 보통 일자로 이동하는 것이 정상인데, 이토 히로부미는 특이하게 역사 끝까지 가서 방향을 틀어 유턴으로 이동했다. 걸음 속도는 시속 2킬로미터 정도의 완보였을 것으로 추정된다. 각국 대사와 악수를 하고, 일본 관료들을 격려하고, 일본 환영 인파에게 손을 흔들었을 것이다.

이 와중에 안중근 장군은 이토 히로부미의 보폭에 맞춰 같이 평행하게 걸으며 기회를 엿보고 있었다. 물론 그 사이에는 인파와 군인들의 장벽이 있었다. 안중근 장군의 키는 163센티미터, 이토 히로부미의 키는 156센티미터였다. 이토 히로부미가 러시아 의장대와 헌병대의 사열을 받는 순간, 안중근은 러시아 의장대 사이의 틈(부대 간의 간격으로 오와 열을 맞출 때 생기는 틈으로 추정된다)을 발견했다. 이 틈 사이로 빠져나가 이토 히로부미에게 총구를 겨눴다.

사격 지점을 확인한 뒤 멈춰 선 안중근은 양복의 왼쪽 주머니에서 M1900을 뽑아들고 표적을 확인한 뒤 조준했을 것이다. 이때까지 이토 히로부미는 사태를 파악하지 못하고 이동했을 것이다. 연구자들의 자료와 인터뷰를 종합해봤을 때, 안중근은 몸을 열두 시 방향으로 하고 팔은 두 시 방향으로 뻗어서 총격을 가했다. 일곱 발을 다 발사한 뒤 그는 팔을 세 시 방향으로 뻗었을 것이라 추정된다.

6초,
결정적 순간

안중근 장군의 총 사격 시간은 '6초'였다. 찰나와도 같은 짧은 순간, 하얼빈 하늘에 일곱 발의 총성이 울렸다. 그리고 역사는 바뀌었다.

6초라는 사격 시간 앞에서 우리는 고민했다. 고민의 대목은 크게 두 가지였다.

첫째, 6초라는 시간 동안 경호 인력은 뭘 하고 있었던 것일까?

둘째, 6초라는 시간 동안 일곱 발을 발사해 네 명의 사람에게 여섯 발을 명중시켰다. 이게 물리적으로 가능한 일인가?

몇 명의 전문가들에게 인터뷰를 요청했다. 사격선수 출신으로 경찰특공대 지원자와 특수부대 지원자들에게 사격 훈련을 시켜주는 전문가 A와 여러 곳에서 VIP의 외곽 경호를 맡았던 B, 그리고 안중근을

기차에서 내리는 이토 히로부미.

하얼빈 역에서 대기하고
있는 군인들의 모습.

전문적으로 연구한 역사 전문가 C였다.

① 사격 전문가 A

안중근 장군의 의거라는 사실을 알리지 않고 인터뷰했다.

"6초? 6초 동안 일곱 발을 쏘게 내버려뒀다고?"

"그럼 지금이라면 어떻게 해?"

"초탄까지는, 아니, 백보 양보해서 두 번째 탄까지는 그럴 수 있다 쳐도, 나머지 다섯 발이 나가게 내버려둔 건 명백한 경호 실수지."

"어째서?"

"총소리가 나자마자 VIP를 덮쳤어야지."

이때부터 안중근 장군의 의거였다는 사실을 밝히고, 러시아 의장대가 사열하는 상황이었다고 하자 고개를 끄덕였다.

"그럼 그럴 만해. 전문적인 경호 훈련을 받지 않았다면, 몸으로 덮친다는 건 생각하기 어렵지. 군인들이 어깨에 모신나강 소총을 메고 있네. 전문적인 훈련을 받았다기보다는 네 말대로 의장병이야. 이런 급박한 상황에 대처하지 못했을 거야."

② 경호원 출신 B

역시 안중근 장군의 의거라는 사실을 알리지 않고 인터뷰했다.

"기본적으로 두 번째 탄 이후의 탄이 나갔다는 건 사수를 제압하지 못했다는 겁니다. 사수를 제압했다면, 이후의 발사는 제지됐을 것이고 피해는 없었을 겁니다."

"어떻게 해야 하나?"

"경호 대상을 안전한 곳으로 피신시켜야죠. 그리고 사수를 제압해야죠. 그래야 재탄, 삼탄이 안 나가게 할 수 있죠."

③ 안중근 연구자 C

"안중근 의사가 6초 동안 아무런 제지를 받지 않고 사격할 수 있었던 이유는 크게 세 가지 정도로 확인할 수 있습니다."

첫째, 일본 측 경호 인력이 없었다. 이 때문에 급작스러운 상황에서 대응을 못했다.

둘째, 러시아 측 병력이 있었지만, 기본적으로 이토 히로부미가 경호의 축소를 원했고, 당시 러시아 의장대는 '부동자세'였다. 즉 이토 히로부미가 사열을 시작하는 상황이라서 부동자세를 취하고 있었고, 이 절묘한 타이밍에 안중근 장군이 의거를 성공시킬 수 있었다. 그리고 러시아 측에서는 자신들의 VIP인 코콥초프를 챙기는 것이 우선이었다.

셋째, 당시 소음도 생각해 봐야 한다. "의장대가 경례하고 군악 소리가 울리며 귀를 때렸다"라는 내용이 안중근 장군 자서전에 나온다. 당시 하얼빈 역에서는 일본의 환영 인파가 내는 소리, 군악대의 연주 등이 뒤섞여 있어 대체로 상황 파악이 힘들었을 것이다.

당시 이토 히로부미의 수행단은 주치의까지 대동한 근대적인 형태를 취하고 있었다. 하얼빈 의거 직후 이토 히로부미는 객차 안으로 옮겨졌고, 수행 주치의였던 고야마 젠小山善이 그의 최후를 확인하게 된다.

다음 문제는 6초라는 사격 시간이다. 6초 동안 네 명에게 일곱 발을 발사해 여섯 발을 명중시켰다. 1초당 한 발씩 쏘는 것은 어렵지만 불가능한 일은 아니다. 여기에 몇 가지 제약 조건을 생각할 수 있다.

첫째, 표적은 시속 2킬로미터로 걷고 있고, 사수도 똑같은 속도로 걸어가는 상황이었다.

둘째, 시야가 제한됐다. 당시 도열했던 사람들에 의한 '인의 장막'이었다. 특히 안중근이 러시아 의장대에 이르렀을 때는 시야가 더 제한됐다. 당시 하얼빈은 얇은 서리 같은 흰 눈이 내린 상태였고, 러시아 병사들은 두꺼운 코트와 우샨카(방한모)를 쓰고 있었다. 당시 사수의 키는 163센티미터였는데, 러시아 병사들 건너편에 있었던 표적의 키는 그보다 작은 156센티미터였다.

셋째, 사수는 10월 23일부터 의거를 준비했다. 3일 전에 하얼빈 역 1번 플랫폼을 동쪽에서 바라보는 것이 고작이었다.

넷째, 사수는 표적의 얼굴을 몰랐다. 표적을 특정할 수 없다는 것은 상당히 골치 아픈 문제다. 어찌어찌 사격 타이밍을 잡았다 하더라도 목표가 불분명하기 때문에 사수는 필연적으로 멈칫할 수밖에 없다. 판단할 시간이 필요한 것이다. 한 팔이 묶인 채 링에 오른 권투선수라고 해야 할까?

이토 히로부미는 을사조약에 분노한 원태우 열사에게 돌팔매질을 당해 부상을 입은 적이 있다. 이 때문에 이토 히로부미는 자신의 사진이 퍼지는 것을 극도로 꺼리게 된다. 안중근은 이토 히로부미의 얼굴을 모른 채 의거에 뛰어들었다.

다섯째, 표적은 정면이나 배면이 아닌 측면만이 사수에게 노출된 상황이었다.

　이 제약 조건들을 대입해서 사격의 순간을 순서대로 정리하면 다음 페이지에 제시된 표와 같다.

　의거에 걸린 시간은 6초지만, 두 번의 표적 탐색으로 최소 2~4초 정도의 시간이 흘렀음을 짐작할 수 있다. 그렇다면 실제 사격은 2~4초 안에 일어났을 것이다.

　이 모든 조건들을 사격 전문가 A에게 제시했을 때의 반응은 다음과 같았다.

　"굉장히 어려운 사격 조건이다."

안중근 장군의
하얼빈 의거 장면

목표물을 확인하고, 판단하는 시간

표적의 오른쪽 상박에 두 발 명중. 그 뒤 한 발은 표적의 옆에 있던 하얼빈 총영사관의 총영사 가와카미 토시히코에게 명중. 관통의 반동으로 표적의 몸이 사수의 정면으로 돌아설 때 표적의 윗배를 향해 명중. 이때까지 총 네 발을 발사

1차 사격 직후 1차 표적이 아닐 경우를 대비해 2차 표적 탐색

표적 2, 3, 4를 향해 각기 한 발씩 발사, 명중

'M1900'이라는
절묘한 선택

어려운 사격 조건에도 불구하고 의거에 성공할 수 있었던 결정적 요인이 하나 더 있다. 바로 '총'이다. 당시 기록들 중 총의 출처에 대한 언급은 찾아보기 힘들다. 안중근 장군은 자신을 지원해줬던 이들에게 피해가 갈까 봐 자금 지원 등에 관한 언급을 최대한 자제하거나 그저 '누군가에게서 뺏었다'는 식으로 표현했다. 안중근의 자서전 《안응칠 역사》에는 다음과 같은 언급만 나와 있다.

"…이때 동지 우덕순을 만나 계책을 비밀히 약속한 다음 각기 권총을 휴대하고 기차를 타고 가면서 생각하니…"

여기서 권총은 '누군가'가 조달해줬다고 짐작해볼 수 있다. 안중근은 우덕순과 각각 M1900 한 자루와 탄창 두 개씩을 나눠 가졌다. 누군가의 지원 없이 혼자서 총을 구하기는 힘든 일이다. 안중근을 지원했을 것으로 보이는 가장 유력한 인물은 거부 최재형이다. 최재형이 우덕순과 안중근의 동행을 주선했고, 유동하와 조도선이 통역으로 합류하도록 독려했다고 추측해볼 수 있다.

최재형은 노비의 아들로 태어나 구한말 아버지의 손에 이끌려 러시아로 넘어가 정착에 성공한 인물이다. 이후 군수업으로 큰 부를 쌓고 이 덕분에 러시아 황제를 알현하고 다섯 개의 훈장까지 받았다(러일전쟁 당시에 러시아 해군 소위로, 임관 통역관으로 활약한다). 이렇게 부와 명예를 얻은 최재형은 조국의 독립을 위해 싸우게 된다. 그에게 '연해주 독립운동의 아버지'란 호칭이 괜히 붙은 것이 아니다. 최재형은 의병들에게 군량과 군자금, 무기를 제공했고, 직접 병력을 이끌고 일본군과 전투를 벌이기도 했다.

최재형이 총기를 제공하지 않았다면, 중요하게 부각되는 또 다른 인물이 이강 선생이다. 《대동공보사》 기자였던 이강은 하얼빈 의거에 깊숙이 개입돼 있었다. 이토 히로부미와 러시아 재무장관 코콥초프의 회담에 관한 소식도 《대동공보사》를 통해 널리 알려졌고, 이후 안중근 장군과 그의 동지들을 지원한 사람도 바로 이강이었다. 그 외에도 이석산, 윤능효 등이 안중근의 의거를 지원했을 가능성이 있다.

문제는 이렇게 급하게 지원받은 총으로 거사를 치른다면 위험 부담이 너무 크다는 것이다. 가급적이면 손에 익은 총으로 사격을 하는 것이 훨씬 더 안전한 결과를 가져올 수 있지 않을까?

원래 안중근 장군은 총을 잘 쏘는 것으로 유명했다. 집안에 포군砲軍이 있어서 사냥을 따라가고, 총을 쏘고, 직접 사냥을 했다. 김구 선생은

브라우닝 연발 권총 3정과 탄환. 모두 이토 히로부미 저격을 위해 준비한 권총으로 안중근과 우덕
순이 가지고 있던 M1900 모델은 위와 아래의 것이고, 가운데 것은 조도선이 소지했던 S&W 38DA
모델이다.

안중근의 아버지 안태훈과 친분이 있었는데, 안중근에 대해 '총 잘 쏘는 청년'이라 말한 적이 있다. 이미 사격 솜씨로 근동에 정평이 나 있던 안중근은 1908년 4월부터 6월까지 지린吉林성 훈춘琿春시의 한 시골 마을 집에 들어가 석 달간 사격 훈련을 했다. 이 집의 소유주는 안중근의 친척인 안동렬이었다.

이때 사용했던 권총이 과연 M1900이었는지는 확실하지 않다. 다만 안중근 장군이 본래 총을 잘 다루는 명사수인 데다가 의거를 개시하기 3개월 전부터 집중적인 훈련에 들어갔음은 분명하다. 그렇다면 여러 가지 제약 조건을 넘어 표적을 사살할 수 있었던 것은 순전히 운이 아니라 안중근의 실력이었음을 확인할 수 있다.

안중근은 준비돼 있었다.

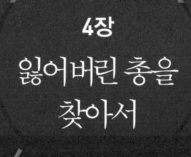

4장

잃어버린 총을
찾아서

사라진 필름, 사라진 유해,
사라진 총

이 프로젝트를 진행하면서 내 머릿속에는 하나의 확신이 생겼다.

"일본 땅 어딘가에 '총번 262336'이 새겨진 안중근 장군의 총이 있을 거다."

처음에는 수많은 가설 중 확률이 높은 '가능성'이었지만 점점 '확신'으로 바뀌었다. 안중근 장군의 의거 후 일본제국의 '조직적인' 안중근 지우기를 생각하면 이는 분명했다.

안중근 장군의 의거 장면이 기록된 필름이라며 실제로 당시 하얼빈 역의 상황과 안중근이 의거 직후에 끌려가는 모습을 촬영한 영상이 공개된 적이 있다. 이 영상은 어떻게 만들어진 것일까?

이토 히로부미와 회담을 하게 된 러시아의 코콥초프가 당시로서는 신문물이라고 할 수 있는 영사기를 들고 와 이토 히로부미와의 만남을 촬영했다. 만약 의거가 일어나지 않았다면, 이 필름은 그대로 이토 히로부미에게 선물로 건네졌을 것이다.

그러나 코콥초프의 계획은 완전히 무너졌다. 선물로 줘야 할 필름이 '의거의 기록물'이 됐다. 이 필름은 의거 직후 일본 외교 관련 인사가 재빠르게 입수했다(돈을 주고 구입했을 가능성이 높다). 공식적으로 이 필름이 세상에 공개된 때는 1995년이다. 일본의 한 방송사가 저격 장면을 제외한 25초가량의 필름을 공개 방영했다. 안중근 장군이 이토 히로부미를 저격하던 순간은 촬영되지 못한 것일까? 아니다. 촬영됐고, 심지어 상영되기도 했다.

1910년 8월 14일 《뉴욕타임스》의 기사를 보면, 러시아 촬영기사가 촬영한 이토 히로부미 저격 장면 필름이 미국으로 건너왔고 이것이 실제로 상영됐다는 기사가 나온다. 필름 두 통이 태평양을 건너와 상영이 됐지만, 당시 미국인들의 반응은 신통치 않았다고 한다.

이토 히로부미를 저격하던 순간이 담긴 필름은 어디로 갔을까? 학계 전문가들은 이 필름은 일본 정부기관이나 영상 관련 단체가 입수해 보관하고 있다는 확신을 가지고 있다.

필름뿐만이 아니다. 안중근 장군의 유해는 어디에 있을까?

내가 죽은 뒤에 나의 뼈를 하얼빈 공원 곁에 묻어 두었다가, 국권이 회복되면 고국으로 옮겨다오. 나는 천국에 가서도 마땅히 우리나라의 독립을 위해 힘쓸 것이다.

_안중근 장군이 순국 직전에 두 아우에게 남긴 유언

하얼빈 의거 상황을 촬영한 필름의 일부 영상.
기차가 도착한 뒤 이토 히로부미를 환영하기
위해 나온 인파들의 모습을 담고 있다.

숙명여대 뒤편 효창공원에 가면 삼의사 묘역이 있다. 1946년 7월 9일 김구 선생이 이봉창, 윤봉길, 백정기 의사의 묘소를 만든 것이다. 김구도 3년 뒤에 이곳에 안장된다. 이 삼의사 묘의 옆을 보면, 비석이 없는 무덤이 있다. 바로 안중근 장군의 가묘假墓다.

안중근 장군의 유해는 지금도 찾을 수가 없다. 일본은 안중근 장군의 흔적을 빨리 지워버리고 싶어 했고, 사형 직후 그의 유해는 행방불명이 되었다.

"만일 허가해 준다면,《동양평화론》한 권을 저술하고 싶으니, 사형집행 날짜를 한 달 남짓 늦추어 줄 수 있겠는가" 하였더니 법원장이 대답하기를, "어찌 한 달뿐이겠는가. 설사 몇 달이 걸리더라도 특별히 허가하겠으니 걱정하지 말라" 하므로 나는 감사하며 항소권을 포기했다.

_안중근,《안응칠 역사》중에서

일본 법원장이《동양평화론》저술을 위한 시간을 줄 것을 약속했지만, 이 약속은 지켜지지 않았다. 이 당시 재판은 일본 검찰이나 사법부가 진행한 것이 아니었다. 재판 지휘는 외무성이 담당했다. 일제는 기형적인 사법체제를 만들어 외무성의 재판 진행을 가능하게 했다. 일제는 다롄 및 뤼순 지역을 '관동주關東州'라고 명명했고, 이곳의 식민 통치를 위해 '관동도독부關東都督府'를 설치했으며, 관동주를 방어하기 위한 방위군으로 그 유명한 '관동군關東軍'을 만들었다. 관동주는 통치권을 일본에게 빼앗긴 '조차지租借地'였기에 사법 권한이 일본 외무성에게 있었고 외무성은 이런 기형적인 재판의 사례를 남긴 것이다.

실질적으로 안중근 장군을 사형시킨 사람은 외무성의 고무라 주타로小村壽太郎였다. 그는 일본에게는 최고의 외교관이자 영웅이었지만, 한민족에게는 불구대천의 원수였다. 1894년 6월 일본군의 조선 출병을 주장하며 '전쟁'을 외쳤던 사람이 그였고 청일전쟁은 그렇게 시작됐다. 그리고 그는 야마가타 아리토모가 지휘하는 제1군에 종군해 안동安東 민정장관이 됐다. 1895년에는 명성황후 시해사건의 사후 처리를 맡았다.

1909년 안중근 장군이 하얼빈 의거를 했을 당시 고무라 주타로는 제2차 가쓰라 내각의 외무대신이었다. 이 당시 하얼빈은 러시아의 조차지였기에 안중근 장군은 러시아 법원에서 재판을 받아야 했다. 문제는 당시 러시아의 입장에서 일본의 요구를 들어줄 수밖에 없었다는 것이다(자신들의 조차지에 일본 고관이 방문했다가 러시아 병사들 앞에서 사살당한 것이기에 러시아로서도 일본에게 할 말이 없었다). 안중근 장군은 의거 직후 러시아 헌병에게 현장에서 체포됐고, 당일 밤 하얼빈 주재 일본 총영사관에 신병이 인도됐다. 그 뒤 바로 뤼순 감옥으로 이송된 안중근은 이듬해인 1910년 2월 7일 첫 공판을 받았고 고작 6회 공판 만에 사형 언도를 받았다. 이때가 2월 14일이다. 그리고 한 달이 지난 3월 26일 안중근 장군의 사형이 집행됐다.

여기서 주목해봐야 할 사실은 당시 안중근 장군의 사형 언도가 일본 사법부의 판단이 아니었다는 것이다. 1909년 12월 2일 고무라 주타로 외무대신 명의의 전문 하나가 관동 법원으로 보내졌다. 안중근 장군을 사형시키라는 전문이었다.

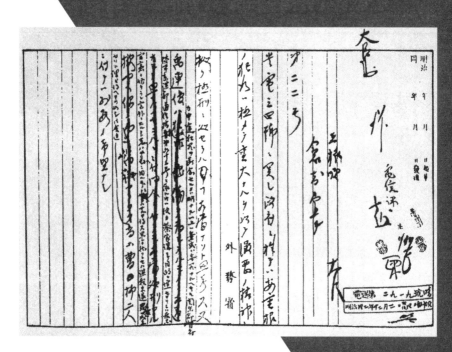

고무라 주타로가 관동도독부 법원에 하달한 '안중근 사형' 지시 전문. 사형이 언도되기 70여 일 전인 1909년 12월 2일에 전달됐다. "안중근의 범행은 극히 중대함으로⋯ 극형에 처함이 마땅하다"라 적혀 있다.

한일 병합을 앞둔 상황에서 안중근이란 인물은 일본에게 '부담'이었다. 이 당시 한반도에서는 안중근 장군의 사진이 인쇄된 엽서가 불티나게 팔렸다. 당연히 일본은 이 엽서의 발행과 판매를 금지시켰다. 외세의 압박 속에 민족 독립의 아이콘으로 부상하게 된 안중근을 끌어내려야 했다. 사형을 집행한 뒤 일본이 안중근 장군의 유해를 신속하게 암매장까지 했던 이유였다.

　그런 일본이 안중근 장군의 M1900 권총을 어떻게 바라봤을까? M1900은 증거품으로 분류돼 일본 검찰에 넘어갔다. 재판이 끝난 뒤에는 일본 본토로 옮겨졌다. 이후에도 계속 일본에 있었는데, 어느 순간 이 총이 사라진다. 일본은 "관동 대지진 당시 분실했다"고 주장한다. 1923년 9월 1일에 대지진이 일어나고 뒤이은 사회적 혼란과 수습의 과정에서 M1900을 잃어버렸다는 것이다. 과연 이 말을 그대로 믿을 수 있을까?

마침내
총을 구입하다

'총번 710592'가 새겨진 M1900. FN사에서 거의 마지막으로 제작한 M1900이다. 이 총이 생산되고 얼마 뒤 M1900은 생산이 종료되고, 다음 모델인 M1910이 생산됐다. '총번 710592'는 〈잃어버린 총을 찾아서〉 프로젝트를 위해 전 세계 총기 옥션과 건 브로커를 만나는 과정에서 얻은 가장 확실한 성과였다.

M1900은 생산 시기별로 전기, 중기, 후기형으로 나눌 수 있다. 총 성능 자체에는 별 차이가 없다. 마음 같아서는 안중근 장군이 사용했던 총기 번호와 비슷한 '200000' 번호대의 M1900을 구하고 싶었지만, 상태가 괜찮은 '200000' 번호대의 총기를 찾기란 거의 불가능했다. FN사가 보관하고 있는 M1900을 양도받는 방법도 고민해봤지만,

우리가 구할 수 있는 데까지 구해본 다음에 FN사에 연락해보자고 결론을 내렸다.

어떤 일을 처음 시작한 사람에게 찾아오는 뜻밖의 행운을 '초심자의 행운beginners luck'이라고 한다. 우리가 온 사방을 뛰어다니며 총을 찾는 동안, M1900은 총과 전혀 상관이 없는 어떤 인물의 클릭 한 번으로 해결됐다. 환장(강준환)의 대학교 친구이자 미국 시민권자인 황영호가 바로 그 주인공이었다. 다음은 환장이 황영호와 나눈 대화다.

"야, 혹시 모르니까 네가 경매 입찰해봐."

"그래? 나 총기 라이선스 없는데?"

"입찰은 상관없어. 일단 낙찰되면 딜러 붙이면 될 거야."

"그래? 알았어."

석 달이 지났다. 우리가 열심히 다른 곳에서 총기를 찾고 있을 때, 잊고 있었던 매물의 입찰이 종료됐다는 알림이 울렸다. 환장은 황영호에게 연락했다.

"야, 고생했다. 아무래도 미국 쪽에서 총 구하는 건 어려울 거 같고 다른 쪽에서…"

"응? 아, 그 총? 그거 내가 산 건데?"

"뭐라고?"

생각지도 못했다. 미국 시민권자이기에 그가 총에 익숙한 줄은 알았지만, 미국에서는 지극히 흔한 총기 라이선스 하나 없는 사람이었다. 우리가 부탁하기 전까지는 총에 대한 관심 자체가 없는 사람이었다. 구경이 뭔지, 슬라이드가 뭔지, FN사가 뭔지에 대해서 전혀 지식이 없었다. 그냥 우리가 보내준 링크를 타고 들어가 지정해준 총을 관찰한 것뿐이었다.

"가격은 생각 말고, 그냥 눌러! 낙찰만 받으면 돼."

사실 별 기대는 없었다. '입찰 대기' 때만 해도 홈페이지에 올라온 총기 상태가 너무 좋아서 경쟁이 치열할 것이라 예상했다. 그렇게 잊고 있었는데, 총기에 대해 전혀 모르는 사람의 클릭 한 번으로 '잭팟'이 터졌다.

물론 총을 샀다고 끝난 것은 아니었다. 아니, 총을 '완전히' 구입한 것이 아니었다. 개별 사이트에서 총을 낙찰받는 것은 개인의 자유고, 별 문제가 되지 않는다. 문제는 온라인상에서 구입한 총을 오프라인으로 들고 나오는 것이 문제였다. 낙찰받은 이는 미국 시민권자이지만, 총기 소유 라이선스가 없었다.

미국은 각 주마다 총기 소유에 대한 규칙이 세세하게 규정돼 있다. 19세만 되면 '장총'을 살 수 있고, 21세가 되면 '권총'을 살 수 있는 나라가 미국이지만, 구입한 총을 소지하고 휴대하는 방법은 각 주마다 다 다르다.

총기를 소유할 수 있는 라이선스도 필요하고, 개별 총기에 대한 라이선스도 필요하다. 결정적으로 총기 거래를 담당해줄 딜러가 필요했다. 총을 만져본 적도, 총에 대해 관심도 없었던 이가 이 서류들이 있을 리가 없었다.

서류를 준비하고, 딜러를 확보하는 동안 황영호는 총기 판매자를 설득하는 것이 어려웠다고 말했다. "절차를 밟는 와중에 원 소유자(판매자)가 거래를 파기할 수 있거든. 낙찰을 취소시켜버리면 골치 아파지잖아."

"어떻게 했어요?"

"안중근과 M1900에 대한 사연을 장문의 편지로 써서 보냈지. 우리 민족에게 이 총이 이런 의미다. 상태가 괜찮은 M1900을 찾기가 정말 힘들었다. 현재 내가 총을 구매할 수 있는 상황이 아니다. 시간을 조금만 주면 내가 행정 절차를 다 밟고 구매하겠다……."

"뭐래요?"

"미국인들, 아니, 서구권 사람들에게서 제일 놀라운 대목이 바로 여기야. 가끔 부럽기도 하고, 우리가 본받아야 한다는 생각을 하기도 하는데……. 어떤 미술품이나 유물에 대해서 그 사연이나 문화, 스토리 등을 설명하면 감정이입을 하고 그걸 존중해준다는 거야. 우리 상황을 다 설명하니까 판매자 쪽도 납득을 했어. 그동안 화도 났고, 짜증도 일었지만 사정을 듣고 보니 다 이해하게 됐다, 자기가 최대 한 달 정도 시간을 줄 테니 그 사이에 행정절차를 다 밟아라, 이 총이 그런 의미로 쓰인다면, 자신도 영광이라고."

"감동이네요."

"감동이지. 물론 당연한 사실이겠지만, 그쪽도 총에 대해 잘 알고 있다는 느낌이 들었어. 대충 내가 얼마 정도 시간이 걸릴지 예측해서 그 정도로 기한을 정해줬으니까."

"그렇군요."

총기를 허용하는 나라와
규제하는 나라

여기서 잠시 총기 소지를 허용하거나 규제하는 문제에 대해 다뤄보고자 한다. 전 세계에서 '민간인'이 총기를 합법적으로 살 수 있는 나라가 30여 개국 정도 된다(이 책에서는 이러한 나라를 편의상 '총기 합법 국가'라고 칭한다). 이들 나라들 중 총기를 가장 손쉽게 살 수 있는 나라가 어딜까? 《뉴욕타임스》가 16개국을 대상으로 총기 현황에 대한 분석 기사를 냈는데, 전 세계에서 민간인이 총을 가장 손쉽게 살 수 있는 나라는 '예멘'이었다. 전체적인 물량에 있어서는 미국에 뒤지지만, 인구 비례로 따지면 미국을 압도적으로 제친 나라가 예멘이다.

2007년 조사에 따르면, 예멘은 인구 1인당 평균 세 자루의 총을 소유한 것으로 확인되었다. 예멘은 2007년 주요 도시 내 총기 반입을 금지하는 조치가 시행된 이후 약 72만 정의 총을 압류했다. 그 결과 총기 거래 규모가 25~30퍼센트 정도 줄어들었고, 이후 정부는 강력한 총기 규제에 나설 듯이 보였다. 하지만 2015년부터 예멘 내전 사태가 벌어지면서 지금 예멘은 미사일이 날아다니고 폭격이 일어나는 '전쟁터'가 되고 말았다.

총에 대해서 개인의 방어권이나 자위권 등 어떤 '의미'를 부여하고 그 정당성을 말하는 것에 대해 뭐라 평가하고 싶지는 않다. 총기 소지가 허용되는 각 나라마다 처해 있는 환경이나 상황이 다 다르다. 그들의 사정을 총기를 규제하는 국가의 사람이 이해한다는 것은 어려운 일일 터이다. 다만 한 가지 확실한 것은 총이 있는 곳에는 '죽음'이 도사리고 있다는 사실이다. 우리가 알고 있는 총기 합법 국가 가운데 가장 사고가 많이 일어나는 나라가 어디일까? 거의 대부분의 사람들이 첫 손가락에 '미국'을 꼽을 것이다. 잊을 만하면 총기 난사 사건이 터지고, 한 해에 총으로 인한 사망자 수가 3만 5,000여 명이 넘어가는 곳이 미국이다.

인구 대비로 비교해본다면, 미국은 2017년 인구 10만 명당 총기로 인한 사망자 수가 4.43명이다. 우리가 봤을 때는 상당히 높아 보이지만, 다른 나라에 비한다면 미국은 양반이다. 엘살바도르의 경우 인구 10만 명당 43.11명이 총에 의해 사망했고, 그 뒤를 이어 베네수엘라에서는 42.15명이 사망했다. 정치 상황이 불안한 중남미의 경우 총기에 의한 사망 사고 비율이 상상을 초월할 정도로 높다. 엘살바도르, 베네수엘라뿐만이 아니라 과테말라, 온두라스, 콜롬비아, 브라질 등 중남미 국가의 인구 10만 명당 총기 사망률을 보면 기본적으로 20명을 훌쩍 뛰어넘는다. 우리는 언론을 통해서 총기 사건사고가 미국에서 많이 일어난다고 인식하고 있지만, 언론에 노출되지 않아서 그렇지 중남미 국가들은 미국보다 훨씬 더 심각한 총기 사고가 일어나는 경우가 수두룩하다.

그렇다면 아시아권에서는 총기 사건사고가 일어나지 않을까? 아니다. 필리핀의 경우가 대표적이다. 독립 투쟁할 당시 선반이나 공작 기계를 밀림으로 끌고 가 밀조총을 만들던 이들이 필리핀 사람들이다. 7,000여 개의 섬으로 이루어진 나라답게 행정력이 미치지 않는 곳이 많았고, 밀조총을 만드는 방법이 곳곳에서 이어져 내려온 덕분에 지금도 필리핀에는 총이 넘쳐난다. 게다가 이슬람 반군과의 전투, 총기 합법 국가라는 타이틀까지 더해지면서 필리핀에서는 총기 사건 사고가 심심찮게 벌어지고 있다.

그렇다면 대한민국은 어떨까? 감히 말하지만 대한민국은 '총기 청정 국가'라 할 수 있다. 밀수된 총기들이 어딘가에 있을 것이라는 사실은 공공연한 비밀이지만, 이것이 실제로 사용된 경우는 거의 없다. 한국에서의 총기 사고라 할 수 있는 것들은 군대나 경찰에서 일어나거나 고작 사냥 등에 사용하는 수렵용 엽총에서 비롯된 경우가 대부분이다. 미국과 같은 총기 난사 사건이 일어나기 어려운 공간이 대한민국이다.

2019년을 기준으로 전 세계적인 총기 규제 움직임이 일고 있다. 유럽은 이미 2017년부터 총기 규제 강화정책을 추진 중이다. 일반인들의 반자동 총기 소유를 금지시킨 것뿐만 아니라 총기의 핵심부품에 모두 일련번호를 부여하려고 한다. 유럽에서도 민간인이 총을 살 수

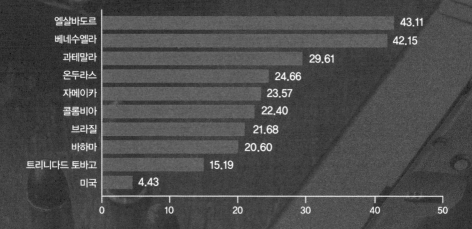

인구 10만 명당 총기 사망자 수(2017년)

국가	수치
엘살바도르	43.11
베네수엘라	42.15
과테말라	29.61
온두라스	24.66
자메이카	23.57
콜롬비아	22.40
브라질	21.68
바하마	20.60
트리니다드 토바고	15.19
미국	4.43

출처: 미국 워싱턴대 보건측정평가연구소(IHME)

있는지에 대해 반문할 수 있는데, 독일은 인구 100명당 32자루, 오스트리아는 30.4자루를 보유한 것으로 조사돼 있다. 인구 850만 명의 작은 나라인 스위스의 경우에도 인구 100명당 24.35자루가 보급돼 있다.

그러나 인구 10만 명 당 총기 사망자 숫자를 보면 스위스가 3.01명, 오스트리아 2.9명, 프랑스 2.65명, 독일이 1.01명이다. 이들 유럽국가에서 총기 사망자가 압도적으로 적은 이유가 무엇일까? 대표적으로 스위스의 경우를 살펴보자. 총기를 구매하면 총기 구매자의 정보가 당국에 등록된다. 사냥이나 스포츠용 총의 경우에는 면허가 필요하지 않지만, 권총은 면허가 필요하다. 이 면허도 최대 9개월 동안만 유효하다. 게다가 공공장소에서 총을 운반하려면 시험을 치르고 자격을 획득해야 한다(총기 소지가 합법화된 국가의 경우 위력이 강한 소총보다는 간편하게 은닉휴대가 가능한 권총에 대한 규제가 더욱 까다롭다).

총기 청정 국가에
총을 들여오는 일

이 프로젝트를 진행하면서 수많은 난관이 있었다. 그중 우리를 가장 힘들게 했던 것이 국내로 '배송'하는 문제였다. 유튜브를 검색해보면, 뒷마당에서 M1900을 발사하는 유튜버의 영상을 어렵지 않게 확인해볼 수 있다. 그런데 우리는 이 총을 들여오기 위해 거의 반년 가까이를 씨름했다. 그동안 모색한 배송 방법만 일곱 가지나 됐다. 우리가 준비했던 방법들이 하나씩 무산될 때마다 짙은 한숨과 함께 주문처럼 외우던 한마디가 있었다.

"이렇게 규제하기 때문에 우리나라가 총기 안전 국가가 된 거야."

정말 주문처럼 외웠다. 군사학을 공부한 이들이 전쟁에 반대하고, 총에 대해서 잘 아는 사람이 총기 규제를 말하는 것처럼, 실제로 이렇게 촘촘하게 짜여 있는 총기 규제 법망에 치이다 보니 대한민국의 안전이 보장되는 이유를 톡톡히 체험하고 있는 것 같다며 우리는 스스로를 다독였다.

국내에 총기를 수입하기 위해서는 경찰청장 직인이 찍혀 있는 수입신고필증이 필요하다. 이걸 어떻게 받을까 생각하다가 떠올린 것이 전쟁기념관의 협조였다. 국내에서도 총기를 합법적으로 소유할 수 있고, 우리의 취지에도 가장 부합하는 곳이 전쟁기념관이었다. 어차피 전쟁기념관에 기증할 것이라면 수입신고필증을 받는 일도 그곳에 맡기자는 의견이 나왔고 우리는 그대로 진행하기로 했다.

전쟁기념관에 찾아갔다. 물론 사전에 이미 어느 정도 교감은 있었다. 안중근 기념관의 소개와 보증이 있었다.

"M1900 한 자루를 전쟁기념관에 기증하고 싶습니다."

말을 꺼낸 우리도 내심 황당했다. 총기 청정 국가의 민간인이 미국에서 총을 구매한 뒤 전쟁기념관에 기증을 하겠다니……. 당연히 업계 관계자들도 황당하다는 반응을 보였다.

"전쟁기념관 역사상 이런 경우는 처음일 겁니다. 전쟁기념관 전시품 대부분이 우리나라 군대나 경찰의 도태 장비를 넘겨받는 것이거나, UN 참전국들에게 넘겨받는 경우가 대부분인데, 아무리 유물이라지만 민간인이 총을 들여오는 방식으로 기증한다니……."

"UN 참전국들 장비나 유물은 어떤 식으로 전달받나요?"

"권총 같은 소화기 종류를 말하는 건가요?"

"그렇죠."

"제가 아는 바로는 작은 물품인 경우에는 외교행낭을 활용합니다.

아마 외교부의 공식적인 허가 절차가 있어야 할 겁니다."

"외교행낭이요?"

약 1분간 고민했고, 한 시간 가까이 방법을 찾기 위해 이곳저곳을 수소문하고, 자료를 조사했다. 외교행낭, 기업행낭까지 별별 방법을 다 찾아봤다. 결론은 단순했다.

"불가능하다."

외교부와 접촉하는 과정에서 그 행정에 들어가는 시간과 비용도 어마어마하다는 것을 깨달았다. 국가의 공적인 시스템을 활용하는 데는 그에 부합할 만한 공익성이 있어야 한다. 스스로에게 반문했다.

"이게 공익성이 있는가?"

"있다."

"이 사업의 공익성에 대해 설득할 자신이 있는가?"

"…있을 걸?"

"설득할 시간이 있는가?"

"아니."

총은 미국에 있고, 10월 26일은 다가오고 있었다. 다른 길을 찾아야 했다.

'총'이라면 질색하는
배송업체들

내가 처음부터 선호했던 총기 배송 방법은 '국제배송업체'를 통하는
것이었다. 여러 가지 이유가 있겠지만, 크게 노렸던 것은 두 가지였
다. 첫째는 '그림 같은 연출'이었고, 둘째는 '저렴한 비용'이었다. 미국
판매처에서 한국 구매처까지(door to door) 바로 배송될 수 있다는 것
도 매력적이었지만, 이 두 가지 이유 앞에서는 사소한 것이었다. 국제
배송을 위해 총기를 자신들의 화물기에 태우고, 이것을 인천물류센
터에 하역하고, 여기서 분류한 다음 전쟁기념관으로 배송하는 장면.
그 자체로 하나의 그림이었다. 다큐멘터리를 찍어야 하는 우리로서
는 꽤 '역동적인' 그림을 뽑아낼 수 있을 것 같았다(아무리 오래된 물품
이더라도 '총기'이기에 국방부나 경찰 쪽에서 경호 인력을 보낼 수 있다는 점도 그

림 같은 연출에 보탬이 될 수 있기에 기대를 했었다).

우선 확인해야 할 절차는 통관이었다. 한국 쪽 세관은 사전에 통보가 이루어진 뒤 수입신고필증이 나오는 것이기에 문제가 없었다. 미국 쪽 세관에서 걸리는 규정이 하나 있었는데, 바로 ITAR(International Traffic in Arms Regulations: 미 군수품 목록에 대한 국제무기 규정)이었다. 미국 국무부 산하의 국방교역통제국은 군용물자 품목에 대한 수출 허가 업무를 담당하고 있는데, 이 규정을 통해서 미국에서 수출하는 군용물자나 기술, 소프트웨어 등을 통제한다(이 규정집의 한국어 번역본만 해도 300쪽이 넘어간다).

문제는 M1900이다. 이것을 미국 세관에서 통관시켜야 한다. ITAR 규정에서 면제되는 항목이 있는지 눈이 빠져라 찾았다(지금 생각하면 참으로 허튼 짓을 했다. 대행업체가 있었다). 지금도 면제 항목에 대한 설명이 눈에 선하다.

"500달러 이하의 구성 부품이나 예비 부품."

"도매가 100달러를 초과하지 않는 총기류."

"1898년이나 그 이전에 제조된 총기류 혹은 그 복제품."

M1900의 제조연도를 생각한다면, '1898년 규정'을 가지고 우겨볼까를 살짝 고민했던 기억이 난다. 여하튼 업체를 선정하고 통관 절차에 관한 협의를 진행하기 위해 최대한 공부해 둬야겠다는 생각에 ITAR 규정을 꼼꼼히 살펴봤다.

그리고 국제배송업체인 A사를 찾아가 총기 배송을 요청했다. B사와 함께 국제배송업계의 시장을 양분한 이 업체는 총기 배송에 있어서도 맡길 만한 곳이었다(개인적으로 '영화'와 관련한 인맥 덕분에 이 업체를 선택했다. 박철수 필름에서 해외 영화제에 작품을 출품할 때 A사를 지정해 사람을 보냈던 기억이 남아 있었다). 돌아온 답변은 긍정적이었다. 외국계 기업이었기에 한국 소비자의 관심을 끌 만한 방법을 찾고 있었는데, 이번 총기 배송이 좋은 기회가 될 것이라는 꽤 긍정적인 답변을 들었다. 배송을 책임져주기로 했고, 덤으로 협찬도 추진했다. 마케팅은 본사에서 추진할 테니 본사의 결정이 이루어질 때까지 좀 더 기다려 달라는 요청이 들어왔다.

"한시름 덜었다."

그렇게 배송에 대한 걱정을 잊어버리고, 사격과 복각에 대한 행정 절차를 고민할 때쯤이었다. 덜컥 미국과 중국의 무역 분쟁이 터져버렸다. 그 유탄이 우리에게까지 튀었다.

"모든 마케팅 업무를 중단한다."

혹시나 하는 마음이 있었는데 '역시나'였다. 트럼프와 시진핑의 싸움 덕분에 애꿎은 우리가 피해를 본 것이다. 그나마 다행이라면, 배송과 통관에 관해서는 계속 협력하겠다는 확답이 왔다는 것이다. 한국 지사와는 지속적으로 연락을 주고받았고, 우리 쪽 진행 상황을 공유했다.

그런데 통관 절차를 밟으려는 순간 덜컥 문제가 터졌다.

"2015년 내부 규정이 바뀌어서 총기류에 대해서는 배송이 안 된다고 합니다. 죄송합니다."

충격과 공포였다. 통관 절차를 밟기 위해 마지막 확인 연락을 했을 때 돌아온 답변이었다. 진즉에 알려줬다면 다른 방안을 찾아봤을 텐데……. 협찬 취소와는 차원이 다른 문제였다(총기 배송이 불가하다는 것은 그 업체 한국지사의 착각인 듯하다. 나중에 확인해봤을 때 국내 총기 수출입 업체에서는 이 배송업체를 통해 총기를 들여온 사실이 확인됐다).

화를 낼 시간도 없었다. 이때부터는 미친 듯이 다른 배송업체를 찾아야 했다. 국제 특수배송업체들을 비롯해서 접촉할 수 있는 모든 배송업체를 찾았다(혹시나 해서 EMS로 보낼 생각도 했다). B사에도 당연히 접촉해봤지만, "총기, 화약, 모의 총기류는 배송을 하지 않는다"라는 배송 예외 규정이 홈페이지에 나와 있었다. 담당자에게 읍소를 했다. 이제는 총이 아니라 '유물'로 분류해서 들여오는 방법을 찾아야 했다.

"110년이 넘어가는 유물입니다."

"총이라면, 발사가 됩니까?"

"…미국 내에서 불용화 처리를 하고 들여올 겁니다."

실제로 미국 내에서 이 총을 작동하지 못하도록 만든 다음에 배송하는 방법을 심각하게 고민했었다.

"탄약도 같이 배송합니까?"

"탄약은 배송하지 않습니다. 그냥 110년 된 총 형상을 한 유물이라고 생각해 주십시오."

결론부터 말하자면, 국내에 지사를 두고 있는 국제 배송업체, 국내 배송업체 등등 모든 업체로부터 '총'이란 이유로 배송을 거절당했다.

"역시 한국은 총기 청정 국가야."

"하긴, 민간인이 국제배송으로 총기를 입수하면 그게 더 이상하지."

"한국 안전한 건 나중에 따로 이야기하고, 이제 어쩔 거야?"

"……"

우리는 다른 방법을 찾아야 했다.

마지막 방법,
사격장 확보

〈잃어버린 총을 찾아서〉 프로젝트를 진행하면서 가장 힘들었던 것은 '수많은 계획과 방법이 병렬 진행된다'는 사실이다. 하나의 단계가 끝나고 다음 단계로 넘어가는 방식(Step By Step)이었다면, 일이 주는 압박감이나 중압감은 덜했을 것이다. 그러나 '총기 구매', '총기 국내 배송', '기증 주체 협의', '방송사와의 협업', '다큐멘터리 제작', '총기 복각', '다큐멘터리 제작비 확보를 위한 소셜펀딩', '프로젝트 진행을 기록한 책 작업', '복각 설계자 확보', '설계 감수 인력 확보' 등등 수많은 단계가 동시에 진행됐다.

"공 열 개를 하늘로 올린 채 저글링을 하는 느낌?"

프로젝트가 중반을 넘어서서 '미국 촬영일정'까지 잡히자 세상이

노랗게 보일 정도가 됐다. 국내 사격이 어려울 것 같다는 전언을 듣고 나서 급하게 미국 촬영 일정이 잡혔다. 당장 준비해야 할 사항만 추려 보자면 다음과 같았다.

- 사격 시퀀스 작성 및 전문가 감수
- 사격 재현도 제작
- 미국 사격장 확보(실내·실외 두 군데)
- 사용 탄종 확보(M1900에 사용되는 32구경 탄 확보, 만일의 경우를 대비한 약장탄 제작, 덤덤탄 효과를 얻기 위한 할로우 포인트탄 확보 등)
- 촬영일정표 및 촬영콘티 작업
- 현지 코디네이터의 숙박 장소와 차량 확보
- FN사와의 접촉
- 포터블 3D 스캐너 작업을 위한 현지 업체 확인
- 미국인 현지 사격자 확보
- 약장탄·강장탄으로 실사격 후 권총의 안전성 확보
- 하얼빈 의거를 재현하기 위한 소품 제작 및 실사출력

이 모든 과업을 일주일 안에 실행해야 했다. 돈과 시간, 인력이 있다면 이 모든 일을 해치우는 데 큰 힘이 들지 않았을 것이다. 문제는 이 세 가지 모두 턱없이 부족했다는 것이다.

"미국 촬영비자 받으려면 어떻게 하지?"

"시간과 돈만 있다면 촬영비자 받지."

"결국 관광비자 받고 가야 하나?"

"장비 제한 심할 텐데? 조명은 당연히 못 치고."

"조명 못 치는데, 실내 사격장으로 될까?"

"아웃 레인지(사정거리 밖)로 돌면, 그날 날씨도 살펴야 해."

"실내 사격장 알잖아. 그림도 안 나오지만, 앵글도 나오기 힘들어."

"일단 실내랑 실외 두 개 다 확보해 놓자."

"외국인 사격자한테 안중근 장군 재현을 맡겨야 하나?"

"그게 걸리긴 하는데……."

"한국인 사격선수를 데려가는 건 어때?"

"그게 가장 좋긴 한데, 비용이……."

"……"

"지금도 우리 비용 초과했어요. 무조건 6,000불에 맞춰야 해요."

"차라리 체제 비용을 줄이자. 사격 시퀀스는 예비일 포함 3일 내에 찍기로 하고, 최대한 타이트하게 일정을 잡아보자."

지난 1년 반 동안의 일상이 이러했다.

5장

안중근은 왜
이토 히로부미를 죽였는가

안중근에 감화된
일본인들

… 이날 장춘長春 헌병대에서 밤을 지새우고, 이튿날 다시 기차를 타고 어느 정거장에 정차했는데, 일본 순사 하나가 올라와서 갑자기 내 뺨을 주먹으로 후려갈기므로 내가 화가 나서 욕을 하자 헌병 장교가 그 순사를 끌어내린 뒤에 날더러 하는 말이, "일본과 대한국 간에는 이같이 좋지 못한 사람들이 많으니 화내지 마시오"라 했다.

… 그때 전옥(감옥 형무소장급) 구리하라栗原와 간수계장 나카무라中村는 항상 나를 보호해주고 후대했다. 매주 목욕을 시켜주고 오전과 오후 두 차례씩 사무실로 데리고 나와 고급 담배, 서양과자와 차를 주기에 배불리 먹기도 했다. 또 하루 세 끼 쌀밥을 주었고, 내복으로 고급품을 같이 입히고 솜이불 네 벌을 특별히 주었으며, 과일을 날마다 주었다. 매일 우유도 한 병씩 주었는데 이것

은 소노끼(당시 한국어 통역관)가 특별히 보내준 것이고, 미조부치溝淵孝雄 검
찰관은 닭과 담배 등을 넣어 주었는데 이같이 특별히 대우해준 것에 대해 여기
에 다 적지 못한다.

_안중근, 《안응칠 역사》 중에서

안중근 장군이 뤼순 감옥에 있을 때 그와 함께한 일본인들은 인간
안중근에게 호의적이었다. 그의 뜻에 동의했고, 그의 인품에 감복했
다. 전옥이었던 구리하라는 법원장과 재판장에게 안중근에 대한 구
명 탄원을 썼고, 처형 전날에 비단 소복을 마련해서 안중근에게 건네
줬다. 구리하라는 사형 판결이 있은 직후 당시 고등법원장이었던 히
라이시 요시토平石義人와의 만남을 주선했다. 이 자리에서 안중근은
사형 판결에 불복하는 사유를 설명했고, 덤으로 당시 국제정세에 관
한 의견도 피력했다. 이때 히라이시 요시토는 "내가 그대를 깊이 동
정하지만 **정부의 방침**을 바꿀 수가 없는 것을 어찌하겠는가. 다만 그
대가 진술한 의견만은 정부에 품신하겠다"라는 답변을 했다. 구리하
라는 사형 집행 이후 안중근 장군의 죽음에 가슴 아파하며 고향 히로
시마로 낙향했다.

안중근과 특별한 우정을 나눈 일본인으로 지바 도시치千葉十七라
는 인물도 있다. 그는 당시 25세의 일본 헌병 상병이었다. 그는 뤼순
감옥에 배치됐다가 안중근을 만나게 된다. 안중근과 대화를 이어나
가던 그는 안중근의 사상에 차츰 감화됐고, 결국 인간 안중근을 인정
하게 됐다.

사형이 집행되는 날 안중근은 지바를 불러 선물 하나를 건넨다. 자

為國獻身軍人本分

庚戌三月 於旅順獄中 大韓國人 安重根 謹拜

안중근 장군이 지바 도시치에게 써준
유묵 '위국헌신군인본분'.
"국가를 위해 몸을 던지는 것은 군인의
본분이다."

신이 마지막으로 남긴 글씨였다. 위국헌신군인본분爲國獻身軍人本分. 그동안 마음을 나눈 이에 대한 배려라고 해야 할까? '국가를 위해 목숨을 바치는 것은 군인의 본분이다. 그러니 내게 너무 미안한 마음을 갖지 말라.' 이 글은 훗날 대한민국 국군의 표어가 된다.

"그간 보여준 친절을 마음속 깊이 고맙게 생각하오. 동양에 평화가 찾아와 두 나라 사이에 우호 관계가 회복될 때 다시 태어나 반갑게 만나기로 하세."

"선생님, 진심으로 용서를 빕니다. 죄송한 마음에 가슴이 저립니다. 앞으로 선한 일본 사람이 되도록 생을 바쳐 정진하겠습니다."

안중근 장군의 사형이 집행된 후 지바 도시치는 제대를 자청했고, 군을 나간 뒤 고향인 미야기宮城県현으로 돌아간다. 이야기는 여기서 끝나지 않았다. 지바 도시치의 고향에는 다이린지大林寺라는 절이 있었다. 지바는 자신이 받은 글을 여기에 봉양했다. 이후 생을 마감한 지바 도시치의 유해는 다이린지에 안장됐다.

지바 도시치의 유족들은 다이린지 주지와 상의한 끝에 안중근 탄생 100주년이었던 1979년에 이 글을 한국에 반환하기로 결정한다. 안중근의 서비書碑를 원본대로 건립했고, 매년 9월 1일에 안중근과 지바 도시치의 합동위령제를 지내고 있다(안중근과 지바 도시치에 관한 사연은 일본 방송에서도 소개됐다. 일본 정부에서는 의도적으로 이 내용을 외면하는 것 같지만 말이다).

안중근 재판의
의도는 무엇이었는가?

주목해봐야 하는 것은 안중근에게 접촉한 일본 측 인사들의 마음과 일본 정부의 생각은 달랐다는 대목이다. 앞에서 고등법원장이었던 히라이시 요시토가 말한 '정부의 방침'을 유념해서 살펴봐야 한다.

> 3월 26일 안중근의 매장이 끝났다는 보고가 있은 지 얼마 후, 다섯 시에 안중근 재판의 최고책임자인 뤼순고등법원장 히라이시 요시토 관사에서 '안중근사건 관계자 위로만찬회'란 이름으로 축하연을 개최했다.

1910년 3월 29일자 《만주일일신문》과 《만주신보》 등에 실린 기사 내용이다. 이 축하연에 참석한 사람으로는 주최인 히라이시 고등법원장, 미조부치 검찰관, 판관과 통역 서기 등 여덟 명이었고, 내빈으로는 관동도독부의 사토 경시총장, 뤼순 감옥의 구리하라, 변호사와 언론인 등 여섯 명이었다. 이들은 기념촬영을 하고, 요정에 가서 기생들과 술판을 벌였다.

이들은 무슨 생각으로 이런 행동을 벌인 것일까? 하나의 사건을 마무리 지었다 해서 관계기관 인사들이 모여서 만찬을 한다는 것은 이례적인 일이다. 앞에서 우리는 일본 정부가 이 사건에 개입을 한 정황과 근거를 살펴봤다. 여기에 증거가 하나 더 추가된다.

이 당시 이 만찬회에 참여한 인물들, 그리고 만찬에 참여하지는 않았지만 재판 진행 과정에서 안중근 장군을 관리하거나 사형 집행에 참여한 인사들 25명에게 일본 정부가 '보상금'을 지급했다는 사실이다. 검찰관에게는 250원, 재판장과 형무소장에게는 150원, 판사에게는 20원, 간수 여섯 명에게는 10원에서 45원까지 차등 지급을 했다.

당시 일본 정부는 긴장하고 있었다. "안중근에게 사형 판결을 내리고, 최대한 빨리 형 집행 절차를 밟는다"는 판단을 내린 뒤에 이를 밀어붙였다. 이미 언급했지만, 당시 안중근 장군의 재판은 일본 사법부가 진행한 것이 아니라 외무성에서 주도했다. 안중근 장군의 사형 판결은 히라이시 요시토가 아니라 외무대신인 고무라 주타로가 내렸다.

보상금이 나온 이유를 여기서 찾아야 한다. 절차상에 무리가 없었다면, 일본 정부가 굳이 보상금을 줄 이유는 없었다. 재판 관계자와 뤼순 감옥의 관리들에게 돈을 지급했다는 것은 그들 스스로도 이 재판이 도리에 맞지 않는다는 사실을 인정한 것이다. 당시 현장에서 안중근과 함께 한 이들은 그의 인품과 주장에 감복한 상황이었다. 그들을 회유하기 위해서라도 보상금을 주는 일은 어쩌면 당연한 행동이었을지 모른다.

안중근 장군의 공판 기록을 살펴보면, 당시 일본 정부의 조급함을 엿볼 수 있다. 안중근 장군은 뤼순의 관동도독부 지방법원에 넘어간 상황에서 1909년 11월 13일 이토 히로부미의 장례식이 끝나고 9일 뒤 예심을 받는다.

이 당시 안중근 장군의 의거는 일본에게 상당히 예민한 문제였다. 한국인과 일본인들의 이목이 집중된 것은 물론, 전 세계인이 관심을 보이는 사안이었다. 안중근이 이토 히로부미의 죄상이라고 밝힌 15개의 죄목은 한국과 일본의 언론뿐 아니라 해외 언론에 특필될 정도였다. 안중근은 재판장을 일본의 침략야욕에 대한 성토장으로 만들었고, 일본 정부는 부담을 느낄 수밖에 없었다. 이렇다 보니 재판장의 열기는 치열하게 달아올랐다. 관동지방법원 1층 재판정에서 재판이 열릴 예정이었는데, 방청객이 천여 명이나 몰리는 바람에 추첨으로 300명만 선정하여 2층 관동고등법원에서 재판을 열었다.

최초 하얼빈 의거 연루자는 여덟 명이었는데, 조도선, 우덕순, 유동하 등 세 명을 제외한 나머지 사람들은 불기소 처분시켰다. 그리고 재판이 시작됐다. 주목할 점은 당시 일본 검찰 측의 재판 전략이다. 미조부치 검사는 "안중근은 개인적인 원한에 의해 이토 히로부미를 죽였다"라는 시나리오로 안중근을 심문했다. 단순히 개인과 개인 사이에 일어난 범죄 행위로 몰아감으로써 정치적 이유가 부각되지 않도록 했다.

▲ 안중근 재판의 군사법정. 왼쪽부터 미조부치 다카오 검찰관, 마나베 주조 재판장, 소노키 스에요시 통역, 와타나베 료이치 서기.

▲ 안중근 공판에 선 죄수들과 방청인들. 왼쪽부터 유동하, 조도선, 우덕순, 안중근.

이 재판은 안중근이 '왜' 이토 히로부미를 죽였는가를 핵심적인 질문으로 삼았다. 어떤 이유가 나오느냐에 따라 재판의 성격이 결정되고, 이후 일본 정부의 정책 방향에도 영향을 끼칠 수 있었기 때문이다.

미조부치는 끈질기게 안중근 장군의 역사관과 항일활동에 관한 질문을 던졌다. 무슨 수를 쓰더라도 안중근의 정치적 동기에 의한 '암살'을 개인적 동기에 의한 '살인'으로 바꾸고 싶어 했다. 그러나 돌아온 답변은 이토 히로부미의 죄상 15가지와 동양평화론, 그리고 자신은 대한의군 참모중장의 신분으로 이토 히로부미를 척살했다는 논리였다(이토 히로부미의 죄상 15가지를 한 글자도 틀리지 않고 논리정연하게 말했다는 것, 그것도 자신의 목숨이 걸려 있는 재판장에서 말했다는 것이야말로 안중근 장군의 담력을 확인해볼 수 있는 대목이다). 여기서 놀라운 사실은 미조부치가 안중근의 의견에 수긍한다는 것이다. 공판이 진행되면서, 검사 측에서도 안중근의 인물됨과 논리를 인정할 수밖에 없었던 것이다.

… 4, 5일 뒤에 미조부치 검찰관이 와서 다시 심문하므로 전후 역사에 관해 세세한 것을 진술했더니, 검찰관이 이토 히로부미를 저격한 사유를 물으므로 나는 그 이유를 이렇게 대답했다.

1. 대한세국 황후를 시해한 죄요.
2. 대한제국 황제를 폐위시킨 죄요.
3. 5조약(을사늑약)과 7조약(정미늑약)을 강제로 체결한 죄요.
4. 무고한 대한인들을 학살한 죄요.

5. 국권을 강탈한 죄요.

6. 철도, 광산, 산림, 천택권을 강제로 빼앗은 죄요.

7. 제일은행권 지폐를 강제로 사용하게 한 죄요.

8. 대한제국 군대를 해산시킨 죄요.

9. 교육을 방해한 죄요.

10. 대한인들의 외국유학을 금지시킨 죄요.

11. 교과서를 압수하여 불태워버린 죄요.

12. 대한인이 스스로 일본인의 보호를 받고자 한다고 세계에 거짓말을 퍼뜨린 죄요.

13. 대한제국과 일본 사이에 분쟁이 쉬지 않고 살육이 끊이지 않는데, 대한제국이 태평무사한 것처럼 위로 천황을 속인 죄요.

14. 동양평화를 깨뜨린 죄요.

15. 일본 천황폐하의 아버지 태황제를 죽인 죄요.

검찰관이 다 듣고 난 뒤에 놀라면서 하는 말이, "진술하는 말을 들으니, 참으로 동양의 열사라 하겠소. 당신은 열사니까 사형 받을 일은 없을 것이니 걱정하지 말라" 하였다.

_안중근, 《안응칠 역사》 중에서

"나의 행위는 개인적
살인이 아니라 의거다"

일본 검찰이 '개인의 원한에 의한 살인'이라는 시나리오를 밀어붙이고 있을 때, 안중근 장군의 변호인들은 재판 자체의 성격을 다른 쪽으로 돌리는 전략을 내놨다.

안중근의 동생인 안정근은 안중근의 사진 여러 장을 가지고 엽서를 만들어 그의 변호사를 선임하기 위한 모금에 나섰다. 엽서는 불티나게 팔렸고, 당시 돈으로 1만 엔의 성금이 모였다. 이 돈으로 영국인 변호사 더글라스를 고용하지만, 미나베眞鍋 재판장이 영국인 변호사 선임을 각하却下시켰다. 대신 두 명의 일본인 관선 변호사를 붙여줬다.

언뜻 보기에는 "일본 관선 변호사도 일본이 법치국가란 걸 보여주

안중근 재판 비용을 후원하기 위해 제작된
'대한의사 안중근공 혈서' 엽서.

일본인이 안중근을 범죄자처럼
촬영하여 제작 유포했던 엽서.

기 위한 요식행위일 뿐이다"라고 평가할 수 있다. 하지만 카마타 쇼지鎌田正治와 미즈노 키치타로水野吉太郎 두 변호사는 나름의 활약을 펼치며 변호인으로서 최소한의 자기 몫은 했다.

먼저 카마타 쇼지의 변론을 들어보자.

"안중근은 한국 사람이다. 이곳은 청나라 땅이다. 청나라에서 한국 사람이 범죄를 저질렀을 경우에는 한국인에 대한 재판권이 미치지 않는다. 한청통상조약韓淸通商条約에 의해 치외법권이 적용되기 때문이다. 안중근에게는 한국 형법을 적용해야 한다. 이 법정에서 일본 제국 형법으로 재판을 한다는 것 자체가 언어도단이다."

물론 이 주장은 일본 판사에 의해 거부됐다. 안중근 장군 역시도 이 논리에 불만을 토로했다. 안중근은 재판을 받고 싶어 했다. 이미 생과 사의 문제를 초월했기에 남은 것은 일본의 죄상을 알리고 법정 투쟁을 벌이는 것뿐이었다.

카마타 쇼지가 재판 자체를 부정했다면, 미즈노 키치타로는 안중근을 '의사義士'로 규정해 '형량싸움'으로 몰고 가려 했다. 그의 변론의 핵심은 이러했다.

"이번 사건은 사쿠라다몬櫻田門 밖의 사변에 비교할 수 있다."

'사쿠라다몬 밖의 사변'은 일본 근대사에서 매우 중요하게 다뤄지는 사건이다. 페리 제독의 구로후네가 등장한 이후 일본은 요동친다. 이때 에도 막부의 대로大老였던 이이 나오스케井伊直弼와 노중老中 마나베 아키카쓰間部詮勝 등이 덴노의 윤허를 받지 않았음에도 〈미일 수호통상조약〉을 체결하고, 14대 쇼군 후계자로 도쿠가와 이에모치 德川家茂를 밀어붙이게 된다. 이런 정책에 반대하는 정치 세력을 탄

압한 사건이 안세이 대옥安政の大獄이다. 존왕양이尊王攘夷(왕을 높이고, 오랑캐를 배척한다)를 말하거나 이에모치의 경쟁자였던 히토쓰바시 요시노부一橋慶喜(훗날 에도 막부의 마지막 쇼군이 된다)를 앞세웠던 정치적 반대파들을 척결했다. 숙청된 사람들의 숫자만 100여 명이 넘어갔다. 그러자 안세이 대옥에 반발한 과격파들이 대로였던 이이 나오스케를 암살하는데 이 사건이 바로 '사쿠라다몬 밖의 사변'이다. 이로 인해 에도 막부의 권위가 실추되었고, 존왕양이 운동이 격화됐다. 메이지 유신이 시작되는 토대가 되었다고 할 수 있을 것이다.

미즈노 키치타로는 하얼빈 의거를 사쿠라다몬 밖의 사변과 비교하면서, 안중근은 의사임을 강조했다. 그리고 3년형을 주장했다.

그러나 이미 각본이 짜여 있던 재판은 안중근의 사형으로 귀결됐고, 이례적으로 신속하게 형을 집행했다(당시에는 사형 판결이 난 후 최소한 2~3개월의 유예기간을 주고 형을 집행했다). 이 당시 일본 정부는 미즈노 키치타로가 주장했던 것처럼 이 사건이 사쿠라다몬 밖의 사변과 같이 반란의 여파로 이어질 것을 두려워했다. 당시 일본 정부가 안중근 장군을 얼마나 두려워했는지는 사형 판결 직후에 일어난 조치들로 확인할 수 있다. "물리력을 행사해 안중근을 감옥에서 빼내려는 시도가 있을 수 있다. 간수를 증원하고, 감옥의 순회경비를 강화하라. 그리고 최대한 빨리 형을 집행하라!" 실제로 사형판결 직후 간수가 증원됐고, 뤼순 감옥에 대한 경비가 강화됐다.

1910년 2월 14일에 사형이 선고되고 그로부터 5일 뒤 안중근은 항소를 포기한다. 형이 확정된 것이다.

3월 15일 안중근은 자서전 《안응칠 역사》를 탈고하고 《동양평화

면회 온 홍석구 신부와 친동생에게 마지막 유언을 남기는 안중근.

론》을 쓰기 시작하지만, 일본은 기다려 주지 않았다. 이토 히로부미를 저격해 죽인 일자와 절명한 시간에 맞춰 사형이 집행됐다. 1910년 3월 26일 오전 9시 4분에 안중근 장군은 교수대에 올라갔다. 마지막 기도를 끝내고 15분 후에 안중근 장군은 절명한다.

"일본은
안중근을 두려워했다"

하늘이 사람을 내어 세상이 모두 형제가 되었다. 각자 자유를 지켜 삶을 좋아하고 죽음을 싫어하는 것은 누구나 가진 떳떳한 정이다. 오늘날 세상 사람들은 으레 문명한 시대로 일컫지마는, 나는 홀로 그렇지 않은 것을 탄식한다. 무릇 문명이란 것은 동서양을 불문하고 잘난 이 못난 이 남녀노소를 물을 것 없이, 각자 천부의 성품을 지키고 도덕을 숭상하며 서로 다투는 마음이 없이 제 땅에서 편안히 생업을 즐기면서 함께 태평을 누리는 것이다.

그런데 이 시대는 그렇지 못하여, 이른바 선진 사회의 선진국 인물들은 생각한다는 것이 경쟁하는 것이요, 연구한다는 것이 사람 죽이는 기계다. 그래서 동서양 육대주에 대포 연기와 탄환 빗발이 끊일 날이 없으니, 어찌 개탄할 일이 아니랴.

이제 동양 대세를 말하면 비정상의 일들이 발생하여 참으로 기록하기 어렵다. 이른바 이토 히로부미는 천하의 이치를 깊이 헤아려 알지 못하고, 함부로 잔혹한 정책을 써서 동양 전체가 장차 어려움을 면하지 못하게 되었다.

슬프다! 천하대세를 걱정하는 청년들이 어찌 팔짱만 끼고 아무런 방책도 없이, 앉아서 죽기를 기다리는 것이 옳을까 보냐. 그러므로 나는 생각다 못하여, 하얼빈에서 만인이 보는 앞에서 총 한방으로 늙은 도적 이토 히로부미의 죄악을 벌하여, 뜻있는 동양 청년들의 정신을 일깨운 것이다.

_안중근, 1909년 11월 6일 《일본 관헌에게 낸 글》 중에서

안중근 장군은 자신의 목숨으로 세상에 경종을 울렸다. 일본의 침략 야욕 앞에서 동양 평화를 위해 뜻있는 청년들의 정신을 일깨우려 했던 것이다. 안중근 장군의 의거가 후세에 어떤 영향을 끼쳤는지에 대해서는 더 이상 설명이 필요 없을 것이다. 다만 한 가지 강조하고 싶은 점이 있다. 바로 "당시 일본은 안중근이란 존재를 두려워했다" 는 것이다.

그의 수감 당시의 상황, 재판, 이례적으로 빠른 사형 선고와 집행을 보면 일본은 안중근이란 인물이 독립운동의 상징으로 자리 잡을까 봐 두려워했다는 것을 알 수 있다. 죽음을 각오하고 재판장을 자신의 정치 투쟁의 장으로 활용한 안중근의 모습은 '독립의 대장부' 그 자체였다.

장부처세혜 기지대의丈夫處世兮 其志大矣
장부가 세상에 처함이여 그 뜻이 크도다

안중근, 사라진 총의 비밀

시조영웅혜 영웅조시時造英雄兮 英雄造時

때가 영웅을 지음이여 영웅이 때를 지으리로다

웅시천하혜 하일성업雄視天下兮 何日成業

천하를 크게 바라봄이여 어느 날에 업을 이룰꼬

동풍점한혜 장사의열東風漸寒兮 壯士義熱

동풍이 점점 차가워짐이여 장사의 의기는 뜨겁도다

념개일거혜 필성목적念慨一去兮 必成目的

분개함이 한번 뻗치니 반드시 목적을 이루리로다

서절이등혜 개긍비명鼠竊伊藤兮 豈肯比命

도적 쥐 이토여 그 목숨 어찌 사람목숨인고

개도지차혜 사세고연豈度至此兮 事勢固然

어찌 이에 이를 줄 알았으리 도망갈 곳 없구나

동포동포혜 속성대업同胞同胞兮 速成大業

동쏘여 농포여 어서 빨리 큰일 이룰지어다

_안중근, 〈장부가丈夫歌〉

역사의 아이러니라고 해야 할까? 안중근 장군이 재판을 받았던 뤼순을 관할하던 곳은 관동도독부였다. 당시 관동도독부에서 도독都督의 자리에 앉아 있던 인물이 바로 오오시마 요시마사大島義昌였다. 직간접적으로 안중근 장군의 재판에 관여했던 이 인물의 후손은 한국에 날카로운 이빨을 들이민다. 그에게 고손자가 되는 후손의 이름은 바로 아베 신조安倍晋三다.

안중근, 사라진 총의 비밀

힘없는 나라에 태어난
죄

안중근 장군을 지칭해 '테러리스트'라 말하는 이들이 있다. 일본인이
그렇게 말한다면 백보 양보해서 그럴 수 있다 쳐도, 한국인들 중에도
이와 비슷한 주장을 하는 사람들이 있으니 문제다.

안중근 장군은 자신의 의거를 어떻게 생각했을까?

'1895년(을미)에 경성에 있던 일본공사 미우라는 군사를 몰아 대궐을 침범하
고 명성황후를 시해했는데도, 일본 정부는 미우라를 처형도 하지 않고 석방했
는데 그 내막에는 반드시 명령하는 자가 있어서 그런 일을 벌인 것이 분명하
다. 그런데 나의 일로 말하면, 비록 개인 간의 살인죄라고 할지라도 미우라의
죄와 나의 죄 중 어느 쪽이 무겁고 누가 가벼운가. 그야말로 통탄할 일이 아니

냐. 내게 무슨 죄가 있느냐, 내가 무슨 죄를 범했느냐'라고 천번 만번 생각하다가 문득 크게 깨달은 뒤에 손뼉을 치며 크게 웃고 말하기를,

"나는 과연 큰 죄인이다. 어질고 약한 대한제국 인민이 된 죄로다."

_안중근, 《안응칠 역사》 중에서

안중근 장군의 냉철한 현실인식을 확인할 수 있는 글이다. 명성황후를 시해한 미우라 공사는 아무런 죄도 묻지 않았는데, 이토 히로부미를 죽인 자신은 무슨 죄일까? 미우라 고로와 안중근의 차이는 한 가지였다. 바로 안중근이 '힘없는 나라에 태어난 죄인'이었다는 것이다.

그를 테러리스트라 말하는 사람도 있고, 단순한 '살인자' 혹은 '시대를 잘못 읽은 범죄자'라 폄하하는 이들도 있다. 그리고 안중근이 《동양평화론》을 쓰기 위해 얼마간 형 집행을 늦춰달라고 재판장에게 부탁한 것을 보며, 구차하게 목숨을 구걸한 사람이라고 말하는 이들도 있다.

안중근 장군이 삶을 구걸했다면, 재판이 끝난 뒤가 아니라 재판을 진행하는 도중에 탄원했어야 올바른 순서가 아닐까? 일본 측이 개인의 원한이나 오해에 의한 살인이라고 몰았을 때 그는 이런 말을 남겼다.

이토 히로부미의 죄상은 천지신명과 사람이 모두 아는 일인데 무슨 오해란 말인가. 더구나 나는 개인으로 남을 죽인 범죄인이 아니다. 나는 의병 참모중장으로서 소임을 띠고 하얼빈에 이르러 '전쟁을 일으켜' 습격한 뒤에 체포가 되어

쇠사슬에 묶인 채 꿇어앉은 안중근.

이곳에 온 것이다. … 이번 거사는 나 개인을 위해 한 것이 아니고 동양 평화를 위함이었다.

안중근은 삶을 구걸하지 않았다. 재판장을 통해 대한제국이 해야 할 말을 대신했을 뿐이다.

물론 이 당시 대한제국 내부의 사정은 달랐다. 명목상으로만 왕으로 세워진 순종은 이런 칙명을 내렸다. "이토 히로부미를 죽인 안중근은 미치고 도덕이 없는 자이다. … 장충단에서 이토 히로부미의 추도식을 성대히 열도록 하라."

실질적으로 국권이 상실된 상황에서 허수아비 왕으로서 할 수 있는 최선의 선택을 한 것으로 볼 수도 있지만, 아닐 수도 있다. 생모인 명성황후를 시해한 일본을 원수로 여겼을 가능성도 있지만, 이 당시 순종은 정치적으로 지극히 무력한 행보만을 보였다. 물론 정치적 식견이 뛰어났다 하더라도 이 당시 상황으로서는 일본의 책략을 넘어서기 힘들었을 것이다. 다만 확실한 사실은 이토 히로부미의 죽음 이후 가장 먼저 준동했던 세력이 친일파였다는 점이다. 안중근의 의거 직후 한일 병합을 해야 한다고 목소리를 높였던 사람은 정한론을 말한 일본 정치인이 아니라 한국인들이었다.

안중근의 '동양평화론'

안중근은 힘없는 나라에 태어난 죄로 이토 히로부미를 죽여야 했다. 과연 이 '살인'이 안중근이란 개인이 울분을 이기지 못해 일으킨 단말마적인 비명이었을까? 그러나 당시 안중근은 냉혹한 국제정세의 현실 속에서 우리가 어떤 위치에 처해 있는지 잘 알고 있었고, 의거를 통해 동아시아의 새로운 미래를 그려내고자 했다. 그가 바라본 세계는 저서《동양평화론》에 잘 나타나 있다.

> 지금 서양세력이 동양으로 뻗쳐오는 환난을 동양 인종이 일치단결해서 극력 방어해야 함이 제일의 상책임은 비록 어린아이일지라도 익히 아는 일이다. 그런데 무슨 이유로 일본은 이러한 순연한 형세를 돌아보지 않고 같은 인종인 이

1904년 러일전쟁 당시
러시아 군인들의 모습

일본군에게 항복한 러시아 군인들.

마쓰야마 러시아 포로 수용소에서 기모노를 입고 있는 러시아 군인들.

웃나라를 깎고 우의友誼를 끊어 스스로 방휼蚌鷸의 형세를 만들어 어부漁夫를 기리는 듯하는가. 한청 양국인의 소망이 크게 절단되어 버렸다. 만약 정략을 고치지 않고 핍박逼迫이 날로 심해진다면 부득이 차라리 다른 인종에게 망할지언정 차마 같은 인종에게 욕을 당하지 않겠다는 의론議論이 한청 양국인의 폐부肺腑에서 용솟음쳐서 상하 일체가 되어 스스로 백인의 앞잡이가 될 것이 명약관화明若觀火한 형세이다.

_안중근, 《동양평화론》 중에서

이 당시 안중근의 눈에 비친 세계는 서구 제국주의의 침략이 눈앞에 다가온 상황이었다. 시쳇말로 '백인의 침공'이 심각한 서세동점西勢東漸(서양이 동양을 지배함)의 시기였다. 세계는 인종들 간의 갈등과 전쟁으로 시달렸고, 백인들은 신문물을 앞세워 수시로 동양을 침탈했다. 서구 제국주의가 침략한 식민지의 숫자가 얼마이던가? 이미 동남아를 비롯해 아시아의 맹주를 자처하던 중국마저도 위태로운 시절이었다. 러일전쟁이 있기 전까지 한국은 러시아, 일본, 영국, 미국 등 강대국들의 각축장이었다. 러일전쟁이 일본 제국주의의 발판이 되었고 이후 한반도를 식민지의 판돈으로 만들었지만, 이 당시 아시아 각국은 서세동점의 시기에 황인종이 백인종을 꺾은 전쟁이라며 기뻐했었다.

"러일전쟁에서 일본이 러시아를 이기고 새로운 열강이 된 이후 일본은 아시아 약소민족들의 희망이 되었다."

러일전쟁에 대한 쑨원孫文의 평가다. 이 시기 서구 제국주의에 대한 지식인들의 위기의식은 여러 나라에 걸쳐 상당 부분 공유되고 있었다. 아니, 이미 침략은 시작되고 있었고 눈앞에서 벌어지는 위기 상황을 바라보며 지식인들은 우왕좌왕 헤맸을 뿐이다. 그렇다면 서구 제국주의의 침략을 극복할 수 있는 방법은 무엇일까? 안중근이 내놓은 방책은 다음과 같았다.

우리 동양은 일본을 맹주로 하고 조선, 청국과 정립鼎立하여 평화를 유지하지 않는다면 백년의 대계를 그르칠 것을 감히 두려워한다. 이등박문(이토 히로부미)의 정략은 이에 반해 함부로 한국을 병합하는 데 급급하여 다른 상황을 고려할 틈도 없이 동포를 살육하고 황제를 위박威迫하는 등 그 횡포가 이르지 않는 곳이 없다. 그가 권력을 잡아 방침을 고치지 않고 이대로 추이推移하면 우리 동양 삼국은 다 같이 쓰러지고 백색인종의 유린蹂躪에 맡기지 않으면 안 된다. 러시아와 청국 양국이 일본을 향하여 다시 싸우려고 하는 형세가 있음은 당연한 일이며, 미국 또한 일본의 발호跋扈를 좋아하지 않는다. 점차 세계의 동정은 한국청국러시아의 약자에게 모이고 (이에 따라) 일본이 고립된 위치에 설 것은 지금부터 예상하여도 어렵지 않다. 이것을 생각하지 않고 일시 세력에 의지하여 우리 한국의 독립을 빼앗으려는 것은 천견淺見으로서 지자智者의 치소嗤笑를 초래하고 말 것이다.

_안중근, 《동양평화론》 중에서

안중근은 한중일 3국의 연합을 생각했다. 이 연합의 맹주로 일본을 선택한 것이다. 본래 안중근은 일본에 대해 상당히 호의적이었다. 백인의 침략이 진행되는 상황에서 아시아 국가들 중 유일하게 근대화에 성공한 국가로서 아시아 연합체의 중심이 되길 기대했던 것이다.

———————————————— 안중근, 사라진 총의 비밀

이런 인식은 안중근만의 생각은 아니었다. 국적을 떠나 많은 지식인들은 이런 생각을 한 번쯤은 했다.

> 현재의 세계적 정세는 동양과 서양의 대립 상황인데 서양 문화의 기반은 이욕과 강권(무력)에 기반하는 '패도문화'인 반면 일본과 중국을 포함하는 동양 문화의 기반은 도덕과 인의에 기반하는 '왕도문화'이다. … 이러한 왕도문화를 발양할 수 있도록 하기 위해서는 일본과 중국을 중심으로 하는 아시아 민족들의 대연합, 즉 대아시아주의가 실현되어야 하며 현재 강권적 패도문화로부터 이탈해 나와 동양의 인의도덕에 접근하고 있는 소련과의 연합도 모색해야 한다.
>
> _쑨원, 〈대아시아주의〉 강연 발언 중에서

중국 혁명의 아버지 쑨원 역시 일본과의 연합, 아시아 민족들의 대연합을 주창했다. 이때가 1924년 11월이었다. 안중근 장군이 《동양평화론》을 쓰고 난 뒤 15년이 지난 후였다. 이 강연에서 쑨원은 일본 정부에 도발적인 질문을 던졌다. "일본은 열강을 본떠 중국 등 약소한 아시아 여러 나라를 침략의 대상으로 삼을 것인가, 아니면 같은 편에 설 것인가. 왕도를 취할 것인가, 아니면 패도를 취할 것인가."

그러나 15년 전 안중근 장군은 이 질문에 대한 답을 미리 알고 있었다.

> 실제 한국 인민은 러일전쟁 이전까지 호개好個 친우로 일본을 좋아했고 한국

의 행복을 믿고 있었다. 우리들은 배일사상 같은 것은 전혀 가지고 있지 않았다. 그런데 러일전쟁 이후 일본이 러시아를 대신하여 한국을 탈취해 버리자고 주장하고 그 결과 한국에 이를 그대로 채용하게 되었다. 금일 내가 이와 같이 몸을 그르치게 된 것도 모두 이등박문의 행위에 기인한다. 러일전쟁까지는 이천만 동포가 종민從民임을 기뻐하였다.

_피고 안응칠의 8회 신문조서(1909년 12월 20일) 중에서

안중근은 을사늑약 이후 일본이 약속한 대로 보호정책을 제대로 시행한다면, 한국은 외세의 침탈 없이 제대로 국력을 기르고, 근대화로 나아갈 수 있다고 생각했다. 그러나 일본이 생각을 바꾼 것이다. 아니, 애초부터 한국을 도와줄 생각이 없었다. 일본은 이미 제국주의의 막차에 올라타 아시아 국가들을 침략과 약탈의 대상으로 바라보고 있었다.

안중근 장군이 총을 뽑아든 이유는 여기에 있었다. 서구 제국주의의 침략 앞에서 함께 싸워야 할 일본이 한국과 중국을 침략하고, 지배하려고 덤벼들었다는 것이다. 동양평화에 심대한 악영향을 끼친 일본에 대한 배신감으로 반일 활동에 나섰고, 궁극적으로 이토 히로부미 척살까지 이어진 것이다.

안중근은
테러리스트인가?

"안중근은 일본의 초대 총리를 살해, 사형 판결을 받은 테러리스트라는 인식을 갖고 있다."

2014년 1월 중국 하얼빈에 안중근 기념관이 건립됐을 낭시 일본 관방장관이었던 스가 요시히데菅義偉가 내뱉은 말이다. 관방장관이라면 일본 정부의 공식 대변인이라 할 수 있다. 일본을 대표할 수 있는 고위공직자가 어떤 역사의식을 가지고 있는지 잘 보여주는 순간이었다.

이 당시 일본 언론과 정치권은 영토 분쟁을 일으킨 중국과 한국이 서로 손을 잡고 역사 문제로 일본을 압박한다고 주장했다. 중국은 센카쿠 열도(댜오위다오)를 두고, 한국은 다케시마(독도)를 두고 영토 분쟁을 일으킨다는 것이다. 스가 요시히데는 양국에 유감의 뜻을 전하며 안중근은 테러리스트라고 거듭 강조했다.

'안중근은 테러리스트'라는 일본의 논리를 한마디로 반박하자면 다음과 같다.

"전쟁터에서 적군을 죽인 것은 범죄가 아니다."

도덕적인 측면에서는 다툼의 여지가 있겠지만, 국제법상으로 혹은 일반적인 상식선에서 보자면 이것은 정당한 행위다.

1907년 당시 안중근은 연해주에서 의병을 이끌고 있었다. 일제의 침략이 점점 노골적으로 드러나자 안중근은 북간도로 망명했고, 4개월 뒤에는 블라디보스토크로 건너간다. 이곳에서 독립운동가로 활동하던 이범윤을 만나고 엄인섭, 김기룡 등과 함께 의병을 모집하게 된다. 이때 이범윤이 대장으로 추대되고 안중근은 대한의군 참모중장으로 임명된다.

300여 명이 넘어가는 의병들은 무기를 모으고, 활동을 준비한다. 그리고 두만강을 건넌다. 함경북도 홍의동과 경흥 일대에서 일본군 정찰대를 격파하며 의병의 이름을 떨쳤다. 그러다가 제3차 회령 전투에서 일본군 5,000여 명과 맞붙었다가 패배한다. 수적 열세를 극복하지 못한 것이다.

이렇게 엄연히 의병이자 군인으로서 활동한 안중근 장군은 법정에서 자신의 신분을 명확히 밝혔다. "나는 대한국 의병 참모중장의 직무로, 하얼빈에서 전쟁을 수행하다 포로가 되어 이곳에 온 것이다. 지방재판소와는 전연 관계가 없는 일인즉, 만국 형법과 국제공법으로서 재판하는 것이 옳다."

안중근 장군과 단지 동맹을 맺은 동지이자
함께 의병을 이끌었던 백규삼(오른쪽에서 네 번째),
황병길(오른쪽에서 두 번째), 엄인섭(오른쪽 끝).

동학농민항쟁, 을미사변, 청일전쟁, 러일전쟁 등 일본이 수많은 전쟁을 일으켜 한국 국민들을 수탈하고 압살했던 것을 생각한다면, 한국인의 입장에서 의병으로서 적군인 일본의 우두머리를 처단한 것은 군사적인 활동이지 일개 개인의 테러로 볼 수 없다.

안중근의 경우에 한정해서 생각해보자.

- 최초 이토 히로부미에게 사격, 이후 일본인 수행원 3명에게 사격. 3명 부상
- 주변 러시아 인사들에 대해서는 총격을 하지 않음
- 총알이 남아 있음에도 사격을 멈추고 '대한민국 만세'를 외침
- 이후 법정 투쟁에서 자신이 대한의군 참모중장임을 확인시키고, 이토 히로부미 제거를 '교전행위'로 선언. 이 와중에 이토 히로부미의 죄상 15개를 말함
- 일본인 수행원 3명에게 부상을 입힌 것에 유감을 표명
- '개인적 원한에 의한 살인'이라는 동기 추정을 맹렬히 거부. 이토 히로부미 처단의 목적이 동양 평화를 위한 행위임을 분명하게 밝힘

1960년대부터 불어 닥친 테러리즘의 광풍 때문에 안중근의 의거를 테러와 같은 범주에 넣어서 그의 의거를 폄하하려는 시도가 계속되고 있다. 특히나 당사자라 할 수 있는 일본은 이런 주장을 반복하고 있다. 그렇다면 이들에게 '어째서 이런 행위가 일어났는지'에 대한 근본적인 질문을 던져봐야 한다. 오늘날 통용되는 테러의 사전적 정의

는 다음과 같다.

"정치적, 군사적으로 약자弱者 혹은 소수들이 자신의 정치적 의견 혹은 신념을 대외적으로 표출하기 위해 행사하는 폭력행위."

만약 그들이 주장하는 대로 안중근이 테러를 일으킨 것이라 가정하더라도, 우리는 "한쪽의 테러리스트는 다른 쪽의 자유 투사"라는 격언을 생각해봐야 한다. 일본이 만약 한국을 침략하지 않았다면 안중근 장군이 총을 빼들었을까? 안중근은 한중일 삼국이 연합하여 서구 제국주의 침략에 맞서자고 설파한 인물이다. 일본을 적대하기보다는 오히려 함께 가야 할 이웃, 같이 싸워야 할 전우로 생각했다. 그런데 이 전우가 배반을 한 것이다. 함께 해야 할 동지가 배신했다고 판단한 안중근은 총을 뽑아든 것이다.

이런 안중근을 일본은 어떻게 바라봐야 할까?

안중근이
죽이지 않았다?

① 케네디 암살의 경우

1963년 12월 22일 오후 12시 30분. 미국 텍사스 주 달라스. 컨버터블 리무진 한 대가 미끄러지듯 달려가고 있었다. 사람들은 열광했고, 자동차에 탄 남자는 부인과 함께 환하게 웃으며 손을 흔들었다. 그리고,

"탕, 탕, 탕"

세 발의 총성이 울렸다. 한 발은 빗나갔고, 한 발은 남자의 몸을 명중시켰다. 세 번째 탄환은 남자의 머리에 명중했다.

두 시간 뒤 이 남자를 쏜 범인이 붙잡혔다. 미 해병대 출신의 리 하비 오스왈드Lee Harvey Oswald라는 남자였다. 그가 쏜 남자는 미국의

제35대 대통령 케네디John F. Kennedy였다.

인류 역사상 가장 유명한 암살 사건 중 하나인 케네디 대통령의 암살 스토리다. 아직도 밝혀지지 않은 배후와 석연치 않은 범인의 죽음 때문에 수많은 음모론들이 난무하고 있다. 이 중 가장 유명한 것이 '마법총알' 이야기다.

미국 정부가 케네디 대통령 암살 사건에 대해 공식 발표를 했음에도 미국인의 68퍼센트는 암살을 단독범의 소행으로 볼 수 없다는 응답을 했다. 워런위원회 보고서(미국 정부의 공식 조사 보고서)에 따르면, 오스왈드는 총 세 발을 발사했는데, 첫 번째 탄환은 케네디 대통령을 빗나갔고, 두 번째 총알은 '마법총알'로 케네디 대통령을 관통한 다음 텍사스 주지사를 맞췄다. 그리고 마지막 세 번째 총알이 케네디 대통령의 머리를 관통했다는 것이다.

여기서 문제가 되는 것이 바로 두 번째 탄환이다. 케네디 대통령 저격 사건과 관련된 음모론의 상당수는 이 두 번째 탄환을 근거로 복수의 저격자가 총을 쐈다고 주장한다. 최소한 두 번째 탄환은 오스왈드가 아닌 다른 저격수가 쏜 탄환이란 주장이다.

케네디 대통령의 머리를 관통한 세 번째 탄환은 리무진 운전수가 권총을 뽑아서 쐈다는, 납득하기 어려운 주장도 있다. 세 번째 탄환의 궤적이나 탄두를 확인하기 위해서는 케네디의 뇌를 확보해야 하는데, 케네디의 뇌는 증거품으로 분류돼 미국 국립기록보관소에 보관됐다가 사라져버렸다.

② 이토 히로부미 암살의 경우

케네디 암살 사건의 경우처럼 안중근 장군의 하얼빈 의거에도 '음모론'이 등장한다. 음모론의 핵심은 "안중근이 이토 히로부미를 쏜 것이 아니라 제2의 저격수가 있었다"는 것이다. 이 이야기는 의거 110주년이 되는 지금까지 끈질기게 그 생명을 이어가고 있다.

음모론을 제기하는 사람들은 이토 히로부미의 상처를 그 증거로 제시한다. 총탄이 뛴 흔적과 상처를 보면 모두 위에서 아래로 내려다 보고 쏜 형태이며, 이것이 제2저격자가 있었음을 증명한다는 것이다. 그러나 이토 히로부미의 부검 소견서를 보면 총알이 거의 수평으로 관통했다는 것을 확인할 수 있다. 그럼에도 의거 초기부터 제2, 3의 사격자가 존재했다는 이야기가 끊임없이 제기됐다. 이는 의거 초기 혼란한 상황에서 정보가 뒤섞여 나왔기 때문이다.

의거 직후 《도쿄일일신문》에서는 이런 제목의 기사를 냈다.

"환영 인파에 섞여 있던 여러 명의 한인韓人에게 저격당해"

권총을 소지한 조선인 두 명이 체포됐다는 보도가 먼저 있었기에 이토 히로부미가 복수의 인물들에게 총격을 받았다는 인상을 심어줬다. 사건 초기 실행자를 특정할 수 없었고, 목격자의 증언들이 뒤섞였던 혼란한 상황이었기에 일정 부분 이해가 간다. 문제는 그 뒤에도 끊임없이 복수의 저격자가 있었다는 주장이 흘러나왔다는 것인데, 여기에 불을 지핀 사람이 무로타 요시아야室田義文였다.

무로타 요시아야는 귀족원 의원 자격으로 이토 히로부미를 수행했다. 의거 직후 일제는 이토 히로부미 저격 장면을 목격한 수행원 아홉 명을 모두 신문했다. 그리고 이들이 귀국한 뒤에 사건 현장 보고서를

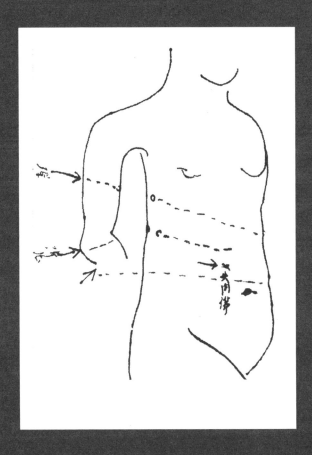

무로타 요시아야가 검찰에 제시한 이토 히로부미 총탄 피격도. 이토 히로
부미 주치의가 제시한 도면과 달리 총탄이 위에서 아래로 향하고 있다.

제출했다. 여기서 수행원 여덟 명은 있는 그대로를 말했는데, 단 한 명 무로타 요시아야만이 다른 이야기를 했다.

"범인은 안중근이 아니다."

무로타는 일관되게 이 주장을 되풀이했고, 그가 죽은 후 출간된 《무로타 요시아야 옹 이야기室田義文翁譚》는 더욱 화제가 됐다. 이 책은 생전에 무로타가 했던 이야기를 모아놓은 책인데, 가장 문제가 되는 발언이 '하얼빈 의거 제3자 저격설'이었다.

무로타 요시아야의 발언은 당시 일본 정부는 물론, 러시아 정부까지 긴장하게 만들 발언이었다.

"이토 히로부미 공을 맞춘 총알은 안중근이 들고 있던 권총이 아니라 계단 위에서 발포된 프랑스제 카빈총의 탄환이다."

이 발언은 진위 여부를 떠나 일본과 러시아 양국 정부에 엄청난 외교적 압박으로 다가온다. 당장 일본은 러시아와의 관계가 악화되는 것을 바라지 않았다. 불과 4년 전까지 전쟁을 했던 국가가 러시아였다. 간신히 이기긴 했지만, 또다시 전쟁을 할 여력도 없다. 조만간 조선을 완전히 장악하고 만주로 뻗어나가려면, 러시아와의 충돌은 피해야 했다.

러시아 역시 이 당시 하얼빈의 경비와 경호를 맡았던 국가로서 큰 책임을 지고 있었기에 외교적 마찰은 피해야 했다. 무로타 요시아야의 발언은 자칫 잘못하면 "러시아가 암살에 관여했다"라는 의심을 불러올 수 있었다. 러시아도 의거 직후부터 이런 외교적 문제를 염두에 두고 일본에 적극적으로 협조했다. 추후 있을 일본과의 외교관계를 생각해야 했다. 일본과의 관계가 악화되는 것은 러시아로서도 원하는 그림이 아니었다(무로타의 주장 이후 그의 이야기는 '러시아인이 2층에서 저격했다'라고 살이 더해져 퍼지기도 했다).

일본과 러시아는 외교적 관계가 악화되어서는 안 된다는 '교감'을 나누고 있었다. 그 결과 일본은 러시아에게 경비 책임을 강하게 묻지 않았고, 이후 어떤 추궁이나 압박도 없었다. 러시아 또한 일본과의 관계를 생각해서 일본에게 적극적으로 협조했다. 당장 안중근 장군의 신병을 일본에 넘긴 것만 봐도 알 수 있다.

무로타 요시아야는 이토 히로부미 죽음의 진상규명을 요구하며 항의했다고 한다. 이때 제동을 건 사람이 야마모토 곤노효에山本権兵衛였다. 그는 근대 일본을 상징하는 일본 해군의 터줏대감이자 두 번에 걸쳐 일본 총리의 자리에 오른 실력자였다. "무로타의 주장이 맞는다 하더라도 진짜 범인을 찾는다고 나서는 것 자체가 일본 외교에 커다란 부담이 될 수 있다."

③음모론에 대한 반박

여기까지만 보면, 하얼빈 의거에는 제2저격자가 있을 것이라는 '합리적 의심'이 든다. 그러나 이런 '음모론'에는 언제나 허점이 발견되어 왔다. 음모론을 반박하는 근거를 살펴보자.

첫째, 무로타 요시아야는 이토 히로부미 몸에 박힌 총알 세 발이 모두 위에서 아래 방향을 하고 있다고 주장하지만, 부검 소견서에는 세 발 모두 거의 수평인 상태로 이토 히로부미의 몸에 박혀 있다고 나와 있다.

둘째, 그 누구도 이토 히로부미 몸에 박혀 있는 총알을 본 적이 없다. 무로타 요시아야가 '프랑스제 카빈총'이라고 주장하지만, 이것은 무로타의 주장일 뿐이다. 총알이 이토 히로부미의 몸 안에 너무 깊숙이 박혀 있어서 이걸 빼내려면 다시 한 번 이토 히로부미의 시신을 훼손해야 하기 때문에 부검을 하지 않았다.

셋째, 카빈총은 기병들이 사용하는 총이다. 기존 보병총보다 길이가 짧기는 하지만 총알 구경은 보병총과 비슷하다 할 수 있다. 이 경우 이토 히로부미의 몸에 박힌 상처는 무로타가 주장하는 형태가 될 수 없다. 아예 관통하거나 몸 안을 헤집어 놓았을 것이다.

넷째, 이 당시 무로타 요시아야를 제외한 여덟 명의 수행원들이 내놓은 진술서에서 2층에서 저격한 인물에 대한 진술은 없었다. 오직 무로타만이 증언했다. 이 당시 무로타는 이토 히로부미가 죽는 순간도 보지 못했다.

무로타 요시아야는 이토 히로부미 뒤에서 러시아 의장대의 사열을 받으며 가다가 이토 히로부미가 쓰러지자 그를 부축해 열차로 옮길 때까지만 같이 했다. 즉 열차 안에 들어간 다음의 상황은 모른다. 상처를 보거나 출혈의 양을 보거나 할 상황이 아니었다. 당시 이토 히로부미의 주치의였던 고야마 젠은 가지고 있던 솜으로 그의 출혈 부위를 막고 있었는데, 이 광경을 무로타 요시아야가 봤다고 하더라도 상처를 직접적으로 확인해본 것은 아니다.

다섯째, 이토 히로부미를 수행하다가 안중근 장군의 총에 맞은 남만주 철도주식회사의 타나카 세이지로에게서 나온 탄이 32구경 탄이었다. 제2저격자가 이토 히로부미만 노렸다고 한다면, 이토 히로부미 곁에서 수행하다가 맞은 다른 수행원들, 특히나 이토 히로부미와 동선이 겹쳤던 수행원들의 상흔을 생각해봐야 한다. 의거 당시 이토 히로부미 왼쪽에서 수행했던 인물이 하얼빈 총영사관의 가와카미 토시히코다. 토시히코는 오른쪽 팔에 총상을 입었다. 이토 히로부미와 같은 부위다. 이 사실은 최초 안중근 장군이 세 발의 총알을 발사했을 때 두 발이 이토 히로부미 오른쪽 팔에 맞았고, 비껴나간 탄이 이토 히로부미 왼쪽에서 발걸음을 맞춰서 걷던 토시히코의 오른팔에 맞았다는 가설을 증명한다. 이후 이토 히로부미의 몸이 틀어지자 상복부에 네 번째 탄을 발사했다고 볼 수 있다. 이 경우 제2저격자가 카빈총을 쐈다는 가설은 여지없이 무너진다.

여섯째, 안중근 장군이 의거 직후 '꼬레아 우라!'를 외쳤고, 이후 심문과 법정 진술에서 일관되게 이토 히로부미를 척결한 사실을 말했다.

제2저격자에 대한 논란은 결국 의거 초기 정보의 혼재에 의한 오해, 뒤이은 무로타 요시아야의 억지 주장이 만든 '어설픈 음모론'일 뿐이다. 문제는 이것이 상업적으로 꽤 매력적인 아이템이었다는 점이다. 지금도 케네디 대통령의 '마법총알' 이야기가 대중들의 흥미를 끄는 것처럼, 이토 히로부미 죽음에 대한 의문도 상업적 목적을 가진 이들에게는 훌륭한 소잿거리가 된다. 일본 정부가 이미 안중근이 이토 히로부미를 척살했다고 공식 발표를 했지만, 일본의 언론과 작가들은 때만 되면 무로타 요시아야의 이야기를 끄집어내고, 여기에 살을 덧댄 이야기를 풀어냈다. 그 이유는 이런 이야기가 돈이 되기 때문이다. 혐한 감정이나 안중근 장군에 대한 폄훼 이전에 돈을 버는 수단이 되기 때문에 이런 이야기가 계속 살아남았던 것이다.

여담이지만, 무로타 요시아야가 내놓은 '제2저격자'에 관한 이야기는 일본 민간에서 수많은 갑론을박 끝에 논파됐다. 근거 없는 낭설임이 증명됐는데, 이것이 다시 한국으로 건너와 새로운 사실의 발견인 양 포장되고 있다. 물론 음모론이 가지고 있는 자극성을 이해하지만, 그 자체가 안중근 장군의 하얼빈 의거를 폄훼한다는 사실을 알아두어야 한다.

6장

M1900이 말해주는 안중근 장군

총기의 설계자
존 브라우닝

〈잃어버린 총을 찾아서〉 프로젝트는 하얼빈 안중근 기념관에 전시돼 있던 브라우닝 하이파워 권총 때문에 시작됐다. 존 브라우닝이 최초로 설계 제작한 총이 M1900이고 그가 마지막으로 설계한 총이 브라우닝 하이파워(M1935)다(존 브라우닝은 1926년 사망했고, M1935는 브라우닝이 사망한 뒤 FN사의 기술진들이 설계를 이어받아 완성했다. 기준에 따라 '브라우닝이 만든 마지막 총'으로 분류되기도 하고, '브라우닝이 만들지 않은 총'으로 분류되기도 한다).

이 프로젝트는 존 모지스 브라우닝이 있었기에 시작할 수 있었다.

"세상에서 가장 유명한 몰몬교도."

"총기계의 레오나르도 다빈치."

"유진 스토너Eugene Stoner, 존 개런드John Garand와 함께 미국의 3대 총기 설계자로 분류되는 인물."

개인적으로 마지막 평가는 잘못됐다고 본다. 유진 스토너는 M-16을 설계한 인물이고, 존 개런드는 M1 개런드 소총을 만든 인물이다. 그렇다면 존 브라우닝은? 권총부터 기관총까지 모든 종류의 총을 만든 인물이다. 유진 스토너와 존 개런드를 브라우닝과 동일선상에서 논하는 것 자체가 브라우닝에게는 실례다. 현재 쓰이고 있는 현대자동화기의 기반은 존 브라우닝으로부터 시작됐고, 존 브라우닝이 있었기에 안전한 '자동사격'을 할 수 있게 되었다. 그가 개발한 총 중에는 아직까지 대체되지 않고 쓰이는 모델이 있을 정도다.

총을 좋아하는 이들은 그의 미들 네임인 '모지스Moses'를 '모세'라 부르기도 한다. 수많은 군인들을 구원하고 인도한 선지자와 같다는 의미다. 19세기에 이미 그 유명한 Auto-5(반자동 산탄총)을 만들었고, 자동권총의 기본적인 틀을 보여준 M1900을 만들었으며, 100년이 넘게 쓰인 MG50을 만들었다.

그는 평생 128건의 총기 관련 특허를 냈고, 47년 동안 약 5,000만 정 이상의 총을 생산했는데 이것들은 모두 그의 손을 거쳐 만들어진 것이다. 유진 스토너, 미하일 칼라시니코프Mikhail Kalashnikov 등 현대 총기에 막대한 영향을 끼친 인물들도 따지고 보면, 자신들의 대표작은 고작 한두 정 정도다. 그러나 존 브라우닝은 총이라 불리는 거의 모든 종류의 것을 다 만들어냈다.

그의 이런 재능은 아버지로부터 물려받았다 할 수 있다. 그의 아버지 조너선Jonathan 역시 총기 기술자였다. 이미 열아홉 살 때 플린트

Auto-5를 들고 있는 존 모지스 브라우닝.

락 머스킷(수석총)을 만들 정도였다. 몰몬교도였던 조녀선은 아내가 많았고, 22명의 자식을 뒀다. 존 브라우닝은 조녀선과 그의 두 번째 부인 사이에서 태어났다.

존은 어린 시절부터 총기 설계와 제작에 대한 재능을 보여줬다. 아버지에게서 물려받은 유산과 주변의 환경은 그가 총기 설계자로 커나갈 수 있는 토양을 제공했다. 아버지는 총포상을 운영했는데, 단순히 총을 들여와 판매하는 것을 넘어 실제로 총을 개발하고 제작한 사람이었다. 그런 아버지 밑에서 존 브라우닝은 누구보다도 열심히 총 만드는 실력을 쌓았다.

존 브라우닝은 열 살이 됐을 때 자기 인생 최초의 총을 만든다. 열네 살이 되어 대포의 목업Mockup(실물 크기의 모형)을 만든다. 비록 재질은 나무였지만, 그 구조는 거의 완벽하게 재현됐다. 이후 아버지의 일을 도우면서 자연스럽게 총에 대한 지식을 습득했고 23세가 되던 해에 '공식적인' 첫 작품이 나온다. 그리고 이것이 대박이 난다. 브라우닝은 당시 형제들과 함께 작은 공장을 만들어 총을 찍어냈는데, 총의 인기가 너무 높아서 물량을 맞추기가 힘들 정도가 됐다. 이 소식을 전해들은 윈체스터의 사장 올리버 윈체스터Oliver Winchester가 브라우닝을 찾아온다. 그리고 브라우닝은 이 총의 설계자로서 회사와 계약하게 된다. 우리가 지금 알고 있는 윈체스터 M1885의 탄생이다(아직까지 팔리고 있다).

브라우닝의 형제들도 총기 관련 업계에서 일을 했는데, 가장 유명한 사람이 그의 이복동생인 조녀선 에드먼드 브라우닝Jonathan Edmund Browning이다. 형이 넘볼 수 없는 천재의 이미지라면, 그는 평범한 수재 정도의 능력을 보여줬다. 형이 만든 브라우닝 자동소총 BAR(Browning Automatic Rifle)를 기반으로 총기를 개발하려 했던 것을 보면, 그도 형의 그늘을 벗어날 수 없었음을 확인할 수 있다. 조너선을 무시하려는 것은 아니다. 존 브라우닝의 압도적인 천재성을 대적할 만한 총기 설계자는 지금도 찾기 어려우니 말이다.

이후 브라우닝의 행보는 현대 총기의 기틀을 다져나가는 작업이었다. 다연발 펌프액션 산탄총인 M1887, M1897을 설계했고, 그 유명한 레버액션식 소총 M1886도 그의 손에서 나왔다. 놀라운 사실은 19세기에 이미 반자동식 산탄총을 완성했다는 것이다. 최근까지 생산된 반자동 산탄총의 명작이자 이후 반자동 산탄총 기술의 원류가 된 Auto-5가 그것이다. 한국에서도 엽사(사냥꾼)들이 들고 다니는 반자동 엽총을 볼 수 있는데, 보통 Auto-5이거나 Auto-5의 기술을 원천으로 해서 만들어진 총들이다.

2차 세계대전 영화에서 흔히 등장하는, 한국전쟁에도 사용됐고 우리나라에서도 제식화기로 쓰인 BAR나 현재까지도 쓰이는 MG50 같은 총들은 예비군으로 복무해본 이라면 익숙한 무기일 것이다. 한국은 MG50을 기반으로 하여 K-6 중기관총을 만들었는데, 거의 MG50을 베낀 수준이라 할 수 있다. 당대 최고의 총기 회사라 할 수 있는 윈체스터, 레밍턴, 콜트, 그리고 벨기에의 FN사와 함께하며 시대를 뛰어넘는 역작들을 만들어낸 사람이 존 브라우닝이었다. 분명 브라우닝이 없었다면 현대 자동화기의 역사는 다른 식으로 쓰였을 것이다.

이런 존 브라우닝이 자동권총 분야를 그냥 내버려뒀을까?

리볼버를 넘어,
자동권총 M1900의 탄생

육혈포六穴砲라는 말을 들어봤을지 모르겠다. 탄알을 재는 구멍이 여섯 개 있는 권총을 의미한다. 흔히들 리볼버Revolver라고 부르는 총이다. 리볼버는 '회전하다'라는 의미의 영단어 'revolve'에서 유래했다.

인류가 총을 발명한 뒤로 끊임없이 고민했던 기술 중 하나가 연속해서 총을 발사하는 것이었다. 전장식 소총이 등장한 이후 화약을 넣고, 총알을 장전하고, 점화약을 장전한 뒤, 화승에 불을 붙여서 발사하는 이 번거로움에서 벗어나기 위해 끝없는 시행착오를 겪어야 했다.

이런 노력들 중 자동권총이 나오기 전 가장 성공한 방식이 리볼버 방식이다. 실린더에 총알을 넣어둔 약실을 여러 개 가지고 있다가, 이 약실을 회전시켜 연속발사를 실현한 것이다. 서부영화에 단골로 등장하는 콜트 싱글 액션 아미Colt Single Action Army가 대표적이다. 한 번 장전하면 여섯 발을 쏠 수 있기에 등장 당시에는 혁명 그 자체였다. 그러나 리볼버에게도 명백한 약점이 있었다. 바로 재장전을 하는 데 시간이 걸렸고, 쏠 수 있는 탄환의 숫자가 다섯 발에서 여섯 발에 불과했던 것이다.

이를 극복하기 위해 등장한 것이 자동권총이다. 초창기 자동권총은 리볼버에 비해 많은 문제가 있었다. 그러나 리볼버가 쫓아갈 수 없는 확실한 장점 두 가지가 있었다. 첫째는 빠른 재장전, 둘째는 넉넉한 장탄 수였다. 리볼버의 경우에는 실린더에 있는 탄피를 빼낸 뒤에 재장전을 해야 한다(스윙 아웃 방식이 나온 덕분에 재장전 속도가 빨라졌다 해도 탄피를 빼내야 하는 것은 마찬가지다). 그러나 자동권총의 경우에는 상자형 탄창을 교체하기만 하면 된다.

재장전과 함께 개량된 것이 장탄 수다. M1900의 탄창에는 일곱 발을 장전할 수 있다. 여기에 약실에 한 발까지 추가하면 총 여덟 발을 장전할 수 있다. 다섯 발에서 여섯 발을 장전하는 리볼버에 비해 확실히 개량된 것이다(기괴한 형태로 실린더를 늘려 20~30연발짜리 리볼버를 만들 수도 있고, 실제로 존재하기도 하지만 흔하진 않다). 참고로 조도선이 소지하고 있었던 S&W 38DA 리볼버는 다섯 발이 장전돼 있었다. 다섯 발로는 하얼빈 의거가 어려웠을 것이다.

빨리 쏘는 것을 의미하는 속사速射, 즉 발사 속도의 우열을 따진다면 미세하게 리볼버가 앞선다는 것이 전문가들의 대체적인 중론이다(탄이 날아가는 속도가 아니라 방아쇠를 당기고, 발사하고, 다시 당기고 발사하는 사이클의 속도를 가리킨다). 미국에서 사격을 즐기는 이들이나 프로 사격 선수들은 9 대 1 정도로 리볼버가 미세하게 발사 속도에서 앞선다는 의견을 내놓고 있다.

여기서 자동권총의 발사 메커니즘을 생각해볼 필요가 있다. 지금은 자동권총이 너무 흔하기에 연속으로 총이 발사되는 메커니즘이 신기하게 느껴지지 않을 것이다. 방아쇠를 당기면, 총알이 나가고, 탄피가 배출되고, 재장전이 되는 일련의 과정을 거쳐야 다시 총알이 나갈 수 있는 상태가 된다. 그러나 총을 연속으로 발사한다는 것은 '격발 - 탄피 배출 - 재장전'이라는 복잡한 과정을 자동적으로 수행한다는 뜻이다.

이것이 왜 복잡하고 어려운지에 대해 쉽게 설명하자면 다음과 같다. 첫째, 탄환을 연속적으로 발사하려면, 탄두가 빠져나간 '탄피'가 배출돼야 한다. 둘째, 탄피가 배출되려면 슬라이드가 후퇴해야 하는데, 슬라이드가 너무 일찍 후퇴하면 화약 폭발 에너지가 새어 나간다. 셋째, 이렇게 되면 탄두의 위력은 약해지고, 총을 쏘는 사수가 화염에 위험해질 수 있다. 즉 총알이 발사될 때 화약 폭발 에너지를 탄두에 제대로 전달하기 위해서는 총열과 슬라이드의 폐쇄상태가 유지되어야 한다. 그리고 폐쇄를 재빨리 풀어서 슬라이드가 뒤로 후퇴하면 탄피를 배출시키고, 다시 슬라이드가 앞으로 오면서 재장전을 해야 한다. 핵심은 폐쇄상태를 '적당히' 유지하고 있다가, '재빨리' 폐쇄를 풀어 탄피를 배출하고 재장전해야 한다는 것이다.

기술적으로 상당히 난감한 문제다. 그러나 이 난감한 문제를 간단한 아이디어로 해결한 사람이 존 브라우닝이다. M1900을 개발할 때

──────────────────────────────── 안중근, 사라진 총의 비밀

◀ 콜트 M1911(1911년)

SIG P220(1975년) ▶

◀ 글록 17 표준형(1980년)

M1900 이후 '브라우닝 쇼트 리코일' 방식
이 도입된 총기류는 여러 가지가 있다.

내놓은 '브라우닝 쇼트 리코일' 방식이 그 해답이다. 이 방식은 생각보다 간단한데, 총열과 슬라이드의 홈이 서로 맞물리게 한 것이다. 탄두가 총열을 빠져나가는 극히 짧은 시간 동안에는 총열이 슬라이드와 한몸이 돼서(폐쇄된 상태로) 뒤로 살짝 후퇴한다. 그러다가 캠의 작용으로 슬라이드와 총열의 결합이 풀리고, 슬라이드만 관성의 힘으로 끝까지 후퇴하면서 탄피를 배출한다.

M1900은 자동권총 중에서 최초로 슬라이드를 장착한 권총이다. 현대 권총의 대명사인 글록을 포함해서 권총들은 거의 모두 쇼트 리코일 시스템과 슬라이드를 장착했다. 아니, 쇼트 리코일 시스템을 장착하지 않더라도 슬라이드로 움직인다는 것 자체가 M1900이 선도한 기술의 위대함이라고 할 수 있을 것이다. 현대적인 자동권총은 거의 다 슬라이드가 달려 있다. 적당한 크기와 명중률, 속사가 가능한 슬라이드 구조 덕분에 M1900은 최초의 포켓 피스톨Pocket Pistol이란 영예를 얻게 된다.

한 손 사격의
비밀

① 사냥꾼 안중근

어려서부터 사냥이 좋아 언제나 사냥꾼을 따라다녔다. 장성해서는 총을 메고 산에 올라 짐승들을 사냥하느라고 학문에 힘쓰지 않아 부모와 교사들이 크게 꾸짖기도 했으나 끝내 따르지 않았다. 친한 친구들이 타일렀다. "너의 아버지는 문장으로 세상에 이름이 드러났는데 너는 어째서 무식한 하등인이 되려고 자처하는 것이냐?"

"너희들 말도 옳다. 그러나 내 말도 좀 들어보아라. 옛날 초패왕 항우가 말하기를 '글은 이름자나 적을 줄 알면 그만이다'라고 했는데, 만고 영웅 초패왕의 명예가 오히려 천추에 남아 전한다. 나도 학문으로 이름을 드러내고 싶지 않다. 너희들도 장부요, 나도 장부다. 너희들은 다시는 나를 설득하지 마라."

② 호걸 안중근

그때 나는 17~18세의 젊은 나이로 기골이 장대하여 무슨 일이든지 남에게 뒤지지 않았다. 특성으로 평생 즐겨 하는 일이 네 가지가 있었다.

첫째는 친구와 의義를 맺는 것이요.

둘째는 술 마시고 춤추고 노래하는 것이요.

셋째는 총으로 사냥하는 것이요.

넷째는 날랜 말을 타고 달리는 것이었다.

③ 총잡이 안중근

하루는 동지 6~7인과 노루 사냥을 하는데 탄환이 총구멍에 걸려 빼낼 수도 없고 들이밀 수도 없어 쇠꼬챙이로 마구 쑤셨더니 "광" 하는 소리에 혼비백산하여 살았는지 죽었는지 정신을 잃고 있다가 겨우 정신을 차려 살펴보니, 탄환이 폭발하여 쇠꼬챙이는 탄환과 함께 내 오른손을 뚫고 공중으로 날아갔고 나는 곧 병원으로 가서 치료를 받았다.

_안중근, 《안응칠 역사》 중에서

안중근 장군의 청년 시절 모습이다. 무협지에 나오는 협객이나 남자다움이 넘쳐나는 대장부의 모습이 떠오른다. 이 기록들 중 빠지지 않고 등장하는 물건이 하나 있다. 바로 '총'이다. 총을 메고 산으로 들로 뛰어다니며 사냥을 하는 것이 안중근 장군의 일상이었다. 주변에서 그를 말리는 이들이 공통적으로 내뱉은 한마디는 "총을 버리고, 학문에 힘써라"였다. 그러나 안중근은 이 충고를 거절했다. 자신의 성정性情을 이미 알아버린 것이었다. 그는 말을 타고, 총을 쏘며, 뜻

맞는 이들과 함께하는 삶을 원했다. 그리고 그런 삶을 살았다.

총을 뺀 안중근의 삶이란 있을 수 없는 것이었다. 그는 총과 친했고, 총을 사랑했으며, 총을 잘 쐈다. 그러나 증언만 있을 뿐 실제로 그가 얼마나 총을 잘 쐈는지는 알 수 없다. 이제 그의 실제 사격 솜씨를 저격 재현을 통해서 눈으로 확인해볼 차례였다. 우선 그가 왜 양손이 아닌 한 손 사격을 선택했는지 알아봐야 했다.

M1900을 구했을 때 미국 쪽 딜러에게 한 가지 요청을 했다.

"안전성 확보를 위해 시사試射(시험사격)를 해야 한다."

"물론이다. 내가 안전은 보증하지만, 시사는 필요하다. 곧 사격장에 가서 사격을 할 거다."

"장약을 덜어낸 약장탄으로 사격했으면 좋겠다."

"여러 탄종을 다 써보겠다. 개인적인 의견이지만, 핫로드hot load(장약을 더 넣어 위력을 강하게 만든 탄)를 써도 될 거 같다. 시험해보고 말하겠다."

"고맙다. 내친 김에 한 가지 더 부탁하고 싶다."

"뭔가?"

"권총 사격을 할 때 한 번도 권총을 쏴보지 못한 아마추어에게 총을 쏘게 해줄 수 있나?"

"이유를 물어봐도 되나?"

"아마추어도 반동을 받아낼 수 있는지 확인하고 싶다."

M1900 실총을 구하기 전에 우리는 인터넷에 떠도는 설계도를 바탕으로 M1900을 3D 프린터로 출력한 적이 있다. 이 모형 총을 가지고 전직 권총 사격선수를 찾아갔다. 앞에서도 소개했던 특수부대 지

원자들의 사격 코치를 했던 사격 전문가 A다. 그에게 M1900과 안중근의 사격 자세에 대한 사전 질의를 했었다.

"이게 M1900과 같은 크기의 모형이야. 어때? 그립이 좀 나올까?"

"이건 한 손밖에 나오지 않을 것 같은데. 억지로 양손을 잡으면 그게 더 이상하잖아."

"원래 사격 자세의 핵심은 반동을 어떻게 받아내느냐가 아닌가?"

"많이 중요하긴 하지. 반동을 몸으로 어떻게 받느냐에 따라 정확도가 달라져. 사격선수들도 반동을 몸으로 받는 훈련을 중점적으로 하지."

"한 손으로 반동을 받는다면, 정확도가 떨어지지 않겠어?"

"(웃음) 요즘 영상매체들 덕분에 권총은 원래 양손으로 파지하고 쏘는 걸로 아는데, 양손으로 잡고 쏘는 건 2차 세계대전 이후에나 보편화된 전술사격 방식이야."

"그게 무슨 소리야?"

"이전에는 한 손 사격이 흔했지만, 슬라이드가 장착된 자동권총에 대형 탄창이 결합되면서 사격법이 바뀌게 됐어. 근접 전투를 벌일 때 빠르게 쏘는 속사가 기본 전술이 됐지."

"그러고 보니 미국 경찰들이 범인 제압할 때 양손으로 권총을 잡고 탄창이 빌 때까지 쏘는 걸 봤어."

"맞아. 정확성보다는 조준점을 빨리 움직이고, 빨리 쏘는 게 중요해진 거지. 이러다 보니 총의 반동을 효과적으로 받아내는 것이 중요해졌어. 위버 스탠스Weaver Stance(권총을 양손으로 파지하는 자세 중 하나) 같은 자세가 나온 이유지."

한 손 사격 자세와 양손 사격 자세의 예.

"초보자가 보기엔 총을 양손으로 잡고 쏘는 게, 한 손으로 잡고 쏘는 것보다 훨씬 더 정확할 거 같아."

"하지만 서부시대 총잡이들은 한 손으로 총을 쐈어."

"그건 그렇지. 한 손으로 쏴도 정확하다는 건가?"

"안중근 의사가 한 손으로 사격을 해서 사격 정확도가 떨어졌다고 생각하지는 않아. 오히려 한 손으로 쏴서 더 정확하다고 말할 수 있어."

"왜 그렇지?"

"사격선수 진종오가 대회에 나갈 때 양손으로 쏘나?"

"음, 한 손으로 쏘지."

"한 손을 최대한 뻗어서 쏘지. 이유가 뭐라고 생각해?"

"총을 표적지랑 최대한 가까이 붙이기 위해서?"

"……"

"농담이야."

"한 손 사격이 양손 사격에 비해서 반동을 받아내기 힘들다는 건 사실이야. 현대 전술 환경처럼 조준점을 빨리 바꿔가며 총을 난사하기에는 부적합하지. 그러나 한 손 사격에는 한 손 사격만의 장점이 있어. 네가 건네준 안중근 장군의 사격 절차와 사격연습에 관한 글을 봤어. 결론부터 말하자면, 안중근 장군은 최적의 사격 자세로 이토 히로부미를 사살한 거야."

"한 손 사격이 가장 적합한 자세란 건가? 총의 반동을 어떻게 받아낸 거지?"

"32구경 탄은 사격선수들도 써. 44구경처럼 반동이 크지 않아. 체구가 작은 여성들도 충분히 반동을 받아낼 수 있을 거야. 다 떠나서 한 손 사격 자세는 정확한 조준을 위한 최고의 선택이야. 가늠자와 가늠쇠를 일치시켜 조준선 정렬을 하지. 조준선이 몸에서 떨어질수록 더 작게 보일 거야. 조준선은 작게 보이겠지만, 표적은 그대로잖아? 이렇게 되면 더 정확하게 조준할 수 있게 되지."

"너의 말을 종합해보면, 안중근 장군의 사격법이 가장 정확한 사격법이란 건가?"

"내가 안중근 장군의 상황이었다면, 한 손으로 쐈을 거야."

인터뷰 결과를 확인한 후 미국에 있는 딜러에게 연락을 했다.

"시사할 때 반동이 어땠는지 좀 알려 달라."

며칠 뒤 시사의 결과가 나왔다.

"이 총, 반동이 거의 없었다. 다른 권총은 튀는 느낌이 드는데, 이건 반동을 충분히 받아낼 수 있었다."

안중근 장군의 한 손 사격에 관한 의문이 풀렸다. M1900은 한 손 사격에 최적화된, 반동이 거의 제로에 가까운 무기였던 것이다. 몰라서 의문 자체를 가지지 못했던 시간들, 그 시간들을 하나둘씩 꺼내놓고 퍼즐을 맞춰가는 순간이었다. 우리는 안중근을 몰랐다.

안중근 장군의
신문기록

안중근 장군의 사격을 재현하기 위한 사격 시퀀스를 짜고, 재현용
소품을 준비하기 위해 안중근 장군의 신문기록과 공판기록을 샅샅
이 확인했다. 다음부터 인용되는 내용은 안중근 자료집 중《안중근
신문기록》과《안중근 유덕순 조도선 유동하 공판기록》에서 발췌한
것이다.

① 나는 사냥꾼이다

신문자   직업이 뭐냐?

안중근   사냥꾼이다.

           (중략)

신문자	그대는 사냥꾼이라 하나 앞서부터의 응답에 의하면 사냥꾼이라고는 생각할 수 없는 점이 있는데, 이번 거사는 그대가 말하는 것처럼 세계사상에 이름을 남길 작정으로 행한 것이니 본명本名을 숨김없이 말하는 것이 어떤가?
안중근	나는 결심하고 대사를 행한 것으로, 결코 거짓말을 하지 않았다.

인정신문人定訊問(피고인으로서 출석한 사람이 공소장에 기재된 피고인과 동일한 인물인지 확인하는 절차)에서 안중근은 사냥꾼으로 보기엔 너무나 논리정연하고 침착한 모습을 보여 일본 검찰을 당황시켰다. 사실 이토 히로부미가 사살당했을 때부터 일본은 당황했다. 인정신문에서 직업을 물었을 때 '사냥꾼'이라는 대답이 돌아오자 일본인들의 표정이 어땠을지 궁금하다.

② 나는 내 처신 따위는 생각하지 않는다

신문자	그대는 이토 히로부미 공작의 얼굴을 평소 자세히 본 일이 있는가.
안중근	본 일이 없다. 사진을 보았을 뿐이다.
신문자	사진으로 무엇인가 특징이라도 기억하고 있었는가.
안중근	윗수염 등의 모양으로 알았다.
신문자	사진과 비교하여 이토 히로부미 공작인 것을 어떻게 알았는가.

안중근	이토 히로부미가 타고 있는 기차가 도착하자 즉시 병대의 뒤로 가 서 있었으므로 기차를 내려 환영단 앞을 통과 후 돌아서려 할 때에 나는 이토 히로부미의 자태를 인정하고 2열로 늘어선 후열의 병사와 병사 사이에 들어가 남모르게 단총을 꺼내 쏘았다.
신문자	그대가 저격했을 때 이토 히로부미 일행은 어떤 모양으로 보행하고 있었는가.
안중근	일행보다 이토 히로부미는 조금 앞서 걷고 있었다.
신문자	이토 히로부미 공이 그대의 앞을 통과할 때 쏘았는가. 또 그 거리는 어느 정도였는가.
안중근	내 앞을 조금 지날 때 두 칸 반 정도 떨어져 있는 곳에서 손의 상박부를 겨누고 3, 4발을 쏘았다.
신문자	발사할 때 그대는 어떤 자세였는가.
안중근	서 있었다.
신문자	**단총으로 사람을 쏠 때 머리를 겨누지 않고 상박을 겨눠 쏘면 흉부에 명중한다는 것을 그대는 연구하였는가.**
안중근	**나는 평소 사냥꾼으로 총을 쏘니까 경험상 상박을 겨누면 명중한다는 것을 알고 있었다. 누구로부터 배워서가 아니다.**
신문자	사람을 쏘는데 정면에서 겨누면 발각되므로 약간 지나간 때에 조금 후방에서 발사하면 형편이 좋은 것은 평소부터 생각하고 있었는가.

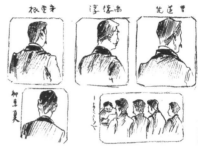

안중근 공판 광경. 일본 기자 고마츠
모토코小松元吾가 뒷자석 방청객으로
앉아 당시 상황을 스케치했다. 1909년.

안중근	특별히 습득한 바는 아니나 약간 통과하였을 때 발사할 기회를 얻었던 것이다.
신문자	그대의 발사한 단총의 탄환이 이토 히로부미 공에게 명중하였는가.
안중근	나는 모른다.
신문자	그러나 이토 히로부미 공이 쓰러진다든지 또는 얼싸안는다든지 하는 현장을 못 보았는가.
안중근	못 보았다. 그 즉시 영국 장교에게 총을 갖고 있는 손을 붙잡혀 깔아 눕혀졌다.
신문자	깔아 눕혀질 때 그대는 또 발사하였는가.
안중근	체포될 때 총은 땅 위에 던져 버렸다.
신문자	많은 사람이 있는 곳에 발사하는 것이므로 이토 히로부미 공 이외의 사람에게도 위험이 미칠 수 있다는 것은 예기豫期하고 있었던가.
안중근	이토 히로부미 부근에 있는 사람을 희생시킬 것은 예기하고 있었다.
신문자	그대가 사진으로 보고 예상했던 이토 히로부미 공과 실제로 본 이토 히로부미 공이 동일하였던가.
안중근	약간 다른 곳이 있었다. 특히 생각했던 것보다 왜소한 사람이었다.
신문자	그런데 그대는 이토 히로부미 공이라는 것을 알고 저격했다. **그대가 깔아 눕혀질 때까지 탄환은 다 발사하였는가.**

안중근	**내가 사용한 단총은 방아쇠를 한 번 당기고 그대로 있으면 다 발사되는 장치로 되어 있다.**
신문자	그대가 발사한 결과 이토 히로부미 공작은 어떻게 되었는지 알고 있는가.
안중근	전혀 모른다. 또 그 결과는 아무에게서도 듣지 못하였다.
신문자	**그대는 이토 히로부미 공의 생명을 잃게 하였으니 그대의 신체는 어떻게 할 생각인가.**
안중근	**나는 내 몸에 대하여는 원래 생각한 일이 없다. 이토 히로부미의 생명을 빼앗으면 나는 법정에 끌려 나가서 이토 히로부미의 죄악을 일일이 진술하고 자신은 일 측에게 일임할 생각이었다.**
신문자	그대가 발사한 단총은 친구 누구라는 자로부터 샀는가.
안중근	윤치종이라는 동지가 일본 제일은행권 40원 내외로 사서 주었다. 그러나 산 고장은 모른다.

안중근 장군의 하얼빈 의거의 구체적인 상황 묘사가 이어졌다. 우리 팀이 주목했던 것은 당시 사격 자세와 상황이었다. 여기서 안중근 장군이 사냥꾼으로서 얻은 경험이 거사에 도움이 됐다는 것을 확인할 수 있다. "단총으로 사람을 쏠 때 머리를 겨누지 않고 상박을 겨눠 쏘면 흉부에 명중한다는 것을 그대는 연구하였는가"라는 질문에 안중근 장군은 "나는 평소 사냥꾼으로 총을 쏘니까 경험상 상박을 겨누면 명중한다는 것을 알고 있었다"라고 담담하게 말했다. 사격 자세나 표적의 위치, 노출 면적 등에 대해서 안중근 장군은 별 생각이 없었

다. 그저 기회가 생겨서(사각이 생겨서) 방아쇠를 당긴 것이었다. 대단한 자신감이었다.

역사적으로 봤을 때 이런 식의 '저격 상황'에서는 노출 면적이 많은 정면이나 배면을 노리는 경우가 많다. 안중근은 이토 히로부미의 측면을 노렸다. 일반적인 저격보다는 훨씬 더 어려운 상황. 그러나 안중근은 대수롭지 않게 "발사할 기회를 얻었다"고 말했다.

우리는 안중근 장군의 하얼빈 의거를 당연하게 받아들인다. 그러나 당시 조건들을 현실에 그대로 대입해 보면, 난점이 한두 가지가 아니다. 표적의 노출 면적은 상당히 적었고, 러시아군 덕분에 시야도 제한됐다. 결정적으로 표적이 이동했다. 이동하는 이토 히로부미의 측면(오른쪽 상박)을 노리는 것, 그것도 시야가 제한되는 상황에서 일곱 발을 발사해 표적 넷에 여섯 발을 맞혔다는 것은 당시로서도, 지금으로서도 신기神技에 가까운 능력이다.

"그대가 깔아 눕혀질 때까지 탄환은 다 발사하였는가"라는 질문도 주목해 봐야 한다. 안중근은 "내가 사용한 단총은 방아쇠를 한 번 당기고 그대로 있으면 다 발사되는 장치로 되어 있다"라고 밝혔다. 당시는 M1900과 같은 자동권총이 흔한 시절이 아니었다. 일본 조사관들은 안중근이 리볼버를 사용하여 거사를 일으킨 것이라고 생각했다. 안중근 장군이 제압당할 때까지 방아쇠를 당긴 것이라 의심했다. 그러나 M1900은 자동권총이다. 방아쇠를 한 번 당기면 총알이 연속으로 나간다. 일반적인 권총처럼 '해머'가 달려 있는 것이 아니라 스트라이커 방식이다. 리볼버보다 연사 속도가 빠를 수밖에 없다. 안중근 장군의 "방아쇠를 한 번 당기고 그대로 있으면 다 발사되는"이라

　　　　　　　　　　　　　安重根, 사라진 총의 비밀

는 표현은 자동권총의 연사 속도를 설명한 것이라 할 수 있다.

안중근 장군의 하얼빈 의거가 성공할 수밖에 없었던 결정적 이유가 다음 질문에서 나온다. "그대는 이토 히로부미 공의 생명을 잃게 하였으니 그대의 신체는 어떻게 할 생각인가"라는 질문에 "이토 히로부미의 생명을 빼앗으면 나는 법정에 끌려 나가서 이토 히로부미의 죄악을 일일이 진술하고 자신은 일 측에게 일임할 생각이었다"라고 답한다. 안중근 장군은 재판장을 정치 투쟁의 장으로 만들 생각을 하고 있었다. 그리고 자신의 처분을 일본 측에게 일임하겠다는 것은 죽음을 각오했음을 말해준다. 죽음을 각오한 상황에서는 의거의 성공 확률이 비약적으로 올라간다. 퇴로에 대한 확보나 탈출에 대한 조건을 상정하지 않아도 되기 때문이다.

오로지 목표 하나만 생각하면 된다. 선택지가 하나로 집중되면, 성공 확률을 끌어올릴 수 있다. 만약 '퇴로'를 생각했다면, M1900 같은 호신용 권총으로는(파괴력이 약한 32구경 탄으로는) 의거를 성공시키기 어려웠을 것이다. M1900을 들고 의거를 결행했다는 것은 이토 히로부미의 바로 옆에까지 가서 총을 쏘겠다는 뜻이다. 아니면 차라리 라이플 종류의 원거리 저격무기를 확보했어야 한다.

③ 러시아 병사는 배경일 뿐이다

안중근 　… 내가 러시아 병대의 열 중간쯤으로 갔을 때 이토 히로부미는 그 앞에 정렬해 있던 영사단 앞에서 되돌아왔다. 그래서 나는 병대의 열 사이에서 안으로 들어가 손을 내밀고 맨 앞에서 행진하고 있는 이토 히로부미라고 생각되는 사람을 향하여 10보 남짓의 거리에서 그 자의 오른쪽 상박을 노리고 세 발가량 발사했다. 그런데 거기서 후방에도 또 사복을 입은 자가 있었으므로 혹시 그것이 이토 히로부미가 아닐까 생각하고 그쪽을 향하여 두 발을 발사했을 때 나는 러시아 헌병에 의해 잡혔다.

신문자 그대는 군대 후방에 있었는데 어떻게 그 전면을 통과하는 것을 저격했는가.

안중근 정렬하고 있는 병과 병의 간격은 2~3보 가량 떨어져 있었으므로 나는 그 후열의 병 뒤로부터 병과 병 사이에 있다가 나의 앞을 2~3보쯤 지나갔다고 생각할 때 발사하였다.

(중략)

안중근 러시아 병사들 사이의 간격은 한 칸 남짓 있었으므로 나는 후열의 병과 병 사이에 끼어 선 채로 피스톨을 조금 늙은 사람이 행진하고 있는 곳을 향해 겨냥하고 발포했다. 그때 병대는 다 받들어총의 예를 하고 있었다. 그리고 병대가 서 있는 곳보다 이토 히로부미가 걷고 있는 곳은 비스듬한 사면으로 낮아 있었으므로 피스톨을 잡은 손은 수평으로 하지 않고 조금 아래쪽을 향해 팔을 뻗었다.

러시아 병사들이 '받들어총' 자세로 사열을 받는 순간, 안중근 장군은 러시아 병사 뒤에서 이토 히로부미를 저격했다. 시야가 제한된 것은 둘째 문제고, 발사 직후 러시아 병사들에게 제압당할 것을 각오한 의거였다. 달리 표현하자면, "하늘이 도왔다". 러시아 병사들이 사열을 받느라 부동자세를 취하는 그 짧은 순간을 놓치지 않은 것이다. 총을 쏘고 난 뒤의 운명은 러시아 병사들의 수를 보며 짐작할 수 있었을 것이다. 그러나 안중근에게 러시아 병사들은 단순히 '시야를 가리는 존재'였고, 오히려 그들을 배경 삼아 이토 히로부미를 쏘았던 것이다.

④ 목적하는 사람을 쏘았으니 더 쏠 이유는 없다

신문자   그대가 가지고 있는 브라우닝 단총은 7연발인가, 8연발인가.

안중근   8연발이다.

신문자   단총을 조사해보니 약협이 7개 있고 발하지 않은 것이 1발 있는데 어떠한 까닭인가.

안중근   **나는 목적하는 사람을 쏘았으니까 그 후는 발사할 필요가 없으므로 멈췄다.**

FN사의 M1900에 관한 실문이 나왔다. 발사한 탄환의 숫자를 확인하고 있다. 7연발이라고 말하지만, 정확히 말하자면 7+1이다. 탄창에 7발이 장전되고, 1발은 약실에 넣었다. 처음 8발을 장전했는데, 안중근은 마지막 1발을 쏘지 않고 총을 땅에 던졌다. 이 1발에 대한 집요한 추궁이 있었다. 일본 측은 '자살'을 염두에 뒀다가 실패한 것이 아니었냐는 질문을 계속 던졌지만, 안중근은 무덤덤하게 대응했다.

목표로 했던 이를 다 쐈으니, 총을 더 쏠 이유가 없다는 간단한 답변. 테러가 아니라 의거였다는 것을 확인할 수 있는 진술이다. 무차별적인 살육이 아니라 목표로 했던 이토 히로부미만을 제거하고 총을 버린 것이다. 수행 인원들에 대한 총격에 관해서 안중근은 계속 유감을 표현했다. 이토 히로부미의 얼굴을 알았다면 피할 수 있었던 희생이지만 당시 상황을 고려한다면 불가피한 선택이었다.

안중근은 일부러
덤덤탄을 사용했는가?

안중근 장군의 사격 재현을 위해서 자료를 조사할 때 가장 고심했던 부분이 덤덤dumdum탄에 대한 대목이다. 군사 상식이 있는 이들에게는 너무나 익숙한 단어일 것이다. 덤덤탄은 인도의 공업 지대였던 덤덤 지방의 조병창에서 생산된 탄을 의미한다.

일반 탄과 다른 점이라면, 총알 탄두 부분에 구멍이나 흠집이 나 있다는 것이다. 이렇게 처리하면, 목표물에 명중하는 순간 총알이 벌어지거나 찢어져서 파괴력을 증가시킨다. 좀 더 냉혹하게 표현하자면, 탄환이 인체에 박히는 순간 앞부분이 파열하면서 납 조각을 몸 이곳저곳에 퍼뜨려버리는 것이다. 19세기 중반부터 이런 형태의 탄을 연구했는데, 1897년 영국군이 제식 채용하면서 유명해졌다. 덩달아

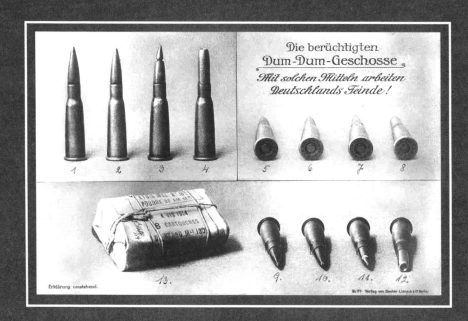

프랑스 군이 '악명 높은 덤덤탄'을
사용했다고 비난하는 독일의 1차
세계대전 엽서.

사냥꾼들 사이에서도 인기를 끌면서 유행하게 된다.

그러나 곧 이 총알의 문제점이 부각되는데, 너무 '잔인'하다는 것이었다. 1899년의 헤이그 협약Hague Convention에서 이런 총알을 쓰지 말자는 주장이 나오게 됐고, 영국군은 1903년에 덤덤탄을 연습용으로만 사용하겠다며 전량 회수하게 된다. 현대에 들어와서도 덤덤탄에 대한 규제는 계속 유지되고 있는데, 국제형사재판소에 관한 로마규정 제8조 전쟁범죄 항목을 보면 이렇게 명시돼 있다.

"총탄의 핵심부를 완전히 감싸지 않았거나 또는 절개되어 구멍이 뚫린 단단한 외피를 가진 총탄과 같이, 인체 내에서 쉽게 확장되거나 펼쳐지는 총탄의 사용."

물론 현대에 들어와서 할로우포인트와 같이 팽창하는 탄약은 경찰이나 대테러 특수부대 등에서는 많이 활용되고 있다. 하지만 정규군에게 지급하는 일은 가급적 피해왔다. 헤이그 협약이나 국제형사재판소의 로마규정 등에서 제한했던 탄이기에 정규군이 사용하기에는 부담스러웠던 것이다. 그런데 미 해병대가 최근에 탄두 끝 부분이 개방된 형태로 설계된 Mk318탄을 개발했는데, 탄 개발과 동시에 법무당국이 법리 검토에 들어갔고, 결국 이 탄이 국제협약에 위배되지 않는다는 결론을 냈다. 탄 자체의 성능이 어떠한지, 정말 할로우포인트탄이 맞는지가 중요한 것이 아니라 벌어지는 탄에 대한 군대의 시각이 중요함을 확인할 수 있는 대목이다.

여하튼 문제는 안중근 장군이 의거 당시에 사용한 총알이 덤덤탄이었느냐는 것이다. 이미 이때쯤이면, 덤덤에서는 덤덤탄을 생산하지 않고 있었다. 대신 병사들이나 총을 사용하는 이들이 탄에다 일부러 흠집을 내서 사용하는 경우가 많았다(사냥꾼들에게 인기를 끌었다는 부분을 생각해보자). 안중근 장군의 의거에 사용된 탄환에는 십자가 형태로 금이 그어져 있었다. 일본 측은 이 부분을 집요하게 파고들었다.

① 우덕순 신문

신문자   그대와 같이 블라디보스토크를 나왔을 때 안응칠도 단
         총을 가지고 있었는가.

우덕순   가지고 있었다.

신문자   단총의 탄환 끝에 십자형의 금을 그은 것은 어떠한 까
         닭인가?

우덕순   그것은 모른다.

신문자   그대가 가지고 있던 탄환 끝에도 십자형의 금이 들어
         있는 것이 7, 8개 있는데 그것은 어떻게 입수하였는가.

우덕순   안응칠은 나의 총도 같이 가지고 있었다. 나의 총을 이
         사람으로부터 받았을 때에 탄환이 들어 있었으므로 이
         사람이 넣은 것이라고 생각한다.

신문자   그러면 우덕순의 탄환은 안응칠로부터 받은 것인가.

우덕순   안이 총탄을 장전한 채로 주었다.

신문자   그대는 탄환의 끝에 상처를 내지 않았고, 또 안으로부
         터 받았을 때 총에 장전되어 있었다고 한다면 그 탄환
         은 안응칠의 것이겠는가.

우덕순   처음부터 그러한 탄환이 들어 있었는지 안이 상처를 내
         었는지 그것은 모른다.

안중근, 사라진 총의 비밀

안중근 하얼빈 의거에 연루되어 체포된 인물들. 왼쪽부터 김형재, 김성옥, 뉴몽하, 조도선, 우덕순.

신문자	탄환에는 안이 상처를 내었는지 그대가 내었는지 하는 것을 물어보는 것이다.
우덕순	나는 탄환에 상처를 낸 일은 없다. 또 안이 상처를 낸 것도 모른다.

② 안중근 신문

신문자	그대가 십자형의 흠이 있는 탄환을 우의 총에 재어 준 이유는 무엇인가.
안중근	이토 히로부미를 죽이기 위해 재어 주었다.
신문자	흠을 낸 탄환은 힘이 있으므로 그대가 가지고 있던 것을 나누어 주었는가.
안중근	나는 탄환 끝에 흠을 낸 것만을 가지고 있었다.
신문자	끝에 흠을 낸 탄환은 명중하면 상처가 크게 되기 때문인가.
안중근	나의 탄환은 다 끝에 흠이 나 있다. **특별히 상처를 크게 할 목적은 아니다. 나는 흠이 나 있는 탄환을 샀다.**
신문자	어디서 샀는가.
안중근	나는 윤치종에게 부탁해 샀다.
신문자	윤치종은 그 탄환을 어디서 샀는가.
안중근	그것은 모른다.
	(중략)
신문자	우는 그때 탄환을 몇 개쯤 소지하고 있었는가.
안중근	몇 발 있는지 묻지 않았으므로 모르지만 당시 나는 30발

가량 있었으므로 우에게 나누어 주었다.

신문자　우가 소지하고 있는 보통 탄환보다 그대가 소지하고 있는 십자형의 새김이 있는 것이 그 힘이 강한 까닭에 그대가 소지하고 있던 것을 준 것이 아닌가.

안중근　**당시 나는 거기까지의 생각은 없었고 또 어느 것이 강력한가도 몰랐던 것이지만 처음부터 십자형의 새김이 있는 것을 가지고 있었으므로 그것을 준 것이다.**

이토 히로부미를 저격할 때 사용한 총탄이 덤덤탄이었을까? 여기에 대해서는 몇 가지 고려할 사항이 있다.

첫째, 이 시기에 덤덤에서는 덤덤탄 생산을 중지한 상황이다.

둘째, 총탄에 줄이나 도구를 가지고 흠집을 내는 것은 병사들이나 일반인들에게 흔한 일이었다.

셋째, 안중근 장군은 이 탄을 샀을 때부터 이미 상처가 나 있었다고 일관되게 증언했다.

덤덤에서의 생산은 중지됐다. 국제적으로 '정규군'이 이런 탄을 사용하는 것이 금기시되는 상황에서 공개적으로 덤덤탄을 생산하기는 힘들 것이다. 이런 상황에서 일반 병사나 민간에서는 자신들의 총알에 개인적으로 흠집을 내는 것이 일상이었다. 특별한 기술이나 도구가 필요한 것이 아니기에 힘든 일도 아니었다. 안중근 장군이 자신의 신앙을 표현하기 위해 총알에 십자가를 그렸다는 '설'이 퍼진 이유도 이런 이유가 한몫했을 것이다.

그러나 여기서 주목해봐야 하는 것은 안중근 장군이 직접 총탄에 흠집을 내지 않았다고 하는 대목이다. 신문이나 재판 과정에서 안중 근 장군은 애초에 십자가 흠집이 나 있는 덤덤탄을 샀다고 일관되게 진술했다.

"특별히 상처를 크게 할 목적은 아니다. 나는 흠이 나 있는 탄환을 샀다." "어느 것이 강력한가도 몰랐던 것이지만 처음부터 십자형의 새김이 있는 것을 가지고 있었으므로 그것을 준 것이다."

이 부분이 신빙성이 가는 것이, 안중근 장군은 이미 이토 히로부미 를 척살할 결심을 했을 때부터 자신의 생명에 대해서는 내려놓았던 상황이다. 더구나 이때는 이토 히로부미가 죽은 것을 확인했고, 재판 장을 정치 투쟁의 장으로 삼던 때였다. 이 자리에서 굳이 거짓을 말할 필요가 없었다. 일본 측은 안중근이 일부러 십자가 흠을 내서 이토 히 로부미에게 더 큰 고통을 주려 했다는 논리를 성립시키려 했지만, 그 는 탄환에 이미 흠집이 나 있었다고 말했다.

이 당시 만주 지역에서는 총기가 암암리에 퍼져 있었다. 상인들이 나 장사를 하는 이들 중에는 신변 보호를 위해 권총 한두 자루 정도 를 몰래 구해서 가지고 있는 경우도 있었다. 총이 널려 있으니 총알도 넘쳐났을 것이고, 덤덤탄을 만들어 파는 것도 당시로서는 이상한 일 이 아니었을 것이다.

만약 안중근 장군이 신앙의 힘을 빌려 이토 히로부미를 처단하겠 다고 결심하고, 그 결의를 담아 총탄에 십자가를 그었다면 이야기는 더욱 극적이었을 것이다. 개인적으로도 이런 스토리를 좋아하지만, 밝혀진 사실을 보자면 이토 히로부미에 박힌 총탄은 모두 사온 것이 고, 총탄의 흠도 안중근 장군이 새긴 것이 아니었다. 개인적인 판단이지만, 안중근 장군은 덤덤탄에 대해서는 별다른 판단을 내리지 않았던 것으로 보인다. "당시 나는 거기까지의 생각은 없었고 또 어느 것이 강력한가도 몰랐던 것이지만"이라는 대목을 살펴보자.

안중근 장군은 이토 히로부미를 사살하는 데 집중했을 뿐 사용한 탄의 파괴력에 대해서는 별로 고민하지 않았다. 덤덤탄 사용이 이토 히로부미에 대한 악감정의 증거이며, 이를 이용해 쓸데없는 고통을 주었다는 논리를 전개하려던 일본으로서는 머쓱해지는 순간이다.

사족을 하나 더 붙이자면, 당시 안중근 장군이 사용한 탄환은 덤덤탄의 효과를 얻지 못했다. 당시 안중근 장군의 총격에 쓰러진 남만주철도주식회사의 이사 타나카 세이지로의 다리에서 총알을 꺼냈는데, 총탄이 벌어지지 않았다. 32구경 탄 자체의 위력이 낮았기에 덤덤탄과 같은 효과를 얻기에는 무리가 있었던 것으로 보인다.

7장

시행착오의
연발

하나의 프로젝트,
세 개의 플랜

"플랜 A, B, C"는 〈잃어버린 총을 찾아서〉 프로젝트를 하면서 가장 많이 내뱉었던 말이다. '총'을 국내로 들여오는 일이기에 한 단계 넘어갈 때마다 예상치 못했던 문제들이 튀어나왔다. 방안 하나만을 가지고 움직였다가는 그대로 프로젝트가 엎어졌을 것이다. 초기에 몇 번인가 시행착오를 겪은 뒤에 우리가 내부적으로 정한 결론은 다음과 같았다.

"하나의 단계를 준비할 때 최소한 세 개의 방안을 준비해 놓고 움직이자."

하얼빈 의거 재현을 예로 들어 설명하겠다.

① 플랜 A: 전쟁기념관 기증 및 국방부 사격장에서 사격 재현

플랜 A는 전쟁기념관에 배송을 한 다음 국내에서 사격을 하는 방법이다. 사격장은 국방부의 협조를 얻기로 하고, 사수는 이동 간 사격에 가장 능숙하다는 군 특수부대의 협조를 얻어 구한다는 방침이었다.

그러니 전쟁기념관 수장고에 M1900이 들어가는 순간, '불용화' 처리를 해야 한다. 유물로 기증한다 해도 이것은 '총'이기에 국내에 전시하거나 보관하려면, 불용화 처리를 해야 한다. 불용화 처리란 총을 사용할 수 없도록 공이를 제거하고, 총신에 구멍을 뚫는 조치를 취하는 것을 말한다. 사격 장면을 재현하기 위해서는 불용화 처리를 일정 기간 유예해야 한다. 물론 국방부 장관 훈령에 의거해서 잠시 유예할 수 있는 법적 근거는 있다.

M1900을 들여오면서 한국이 허술한 나라가 아님을 깨닫게 됐다. 유물로 들여와 전시를 하는 것임에도 불구하고, '총'이라는 단어가 붙는 순간 만약의 만약까지 대비해 철저하게 조사하고 검증하는 것이 한국의 시스템이었다. 전쟁기념관 수장고에 들어가는 순간, 이 총은 박물관 및 미술관 진흥법의 소관 하에 들어가게 된다. 우리의 마음 같아서는 총을 빠른 시일 내에 들여와 사격까지 재현하고 싶었지만, 국가적인 시스템 안에서는 엄연히 밟아야 할 절차와 규정이 있었다. 규정을 어긴다면, 그때부턴 '총포, 도검, 화약류 등의 안전관리에 관한 법률' 안으로 들어가 수갑을 차거나 구속이 될 것이다.

② 플랜 B: 미국 사격장에서 사격 재현

플랜 B는 앞에서 언급한 행정적 절차를 최소화해서 쉽게 가기 위

안중근, 사라진 총의 비밀

한 우회로 같은 것이었다. 일정은 촉박한데 요구되는 절차는 많고 총이 '불용화' 처리될 위험성도 있으며 국내에서 사격 재현이 과연 가능할지에 대한 여부도 불확실했다. 판단이 서자 우리는 부랴부랴 미국에서 사격 재현을 진행하는 '플랜 B'를 추진했다. 또 다른 방면에서 돈과 시간이 들어가는 일이었기에 우리는 긴급회의를 했다.

"미국을 가야 할 거 같은데……."

"실사격 재현을 하지 않는다면, 프로젝트를 하는 이유가 없지."

"비용은?"

"……"

"우선 최대한 줄여보자. 초저예산으로 딱 필요한 만큼만 해보자."

플랜 B를 가동했다. 동시에 플랜 C도 추진했다. 아무리 생각해도 하나의 계획만 믿고 추진한다는 것은 위험한 일이었기 때문이다.

③ 플랜 C: 국내 민간사격장에서 사격 재현

플랜 C는 국내 민간사격장에서 사격을 재현하는 것이었다. 플랜 A의 경우 총의 배송지를 '전쟁기념관'으로 확정하고, 경찰청장의 수입 허가도 전쟁기념관 주도 하에서 받는 것이었다. 당시 우리는 전쟁기념관에 행정 절차를 맡긴 상태로, 그 이외의 작업인 총기 구매, 배송, 복사에 집중했다. 그러나 전쟁기념관 수장고에 들어가는 순간 '불용화' 처리가 될 것이기에 그 위험성에 대비해 플랜 B를 준비했다. 그런데 아무리 봐도 미국에서의 촬영은 비용 투입 대비 효과 면에서 좋은 결과를 얻기 힘들었다. 그래서 달리 생각한 방법이 플랜 C였다.

사격장 퀴터를 활용하거나 사격선수 자격증이 있는 민간인이 총기를 구매하고 사격장에서 사격 재현을 하는 방법이 플랜 C다. 국내의 민간사격장에서는 일정 비용만 지불하면 사격이 가능하다(탄창 하나에 10발이 들어가고, 비용은 2만 원 정도다. 실탄사격장이 없는 일본에서 많이 방문해 사격한다). 그런데 민간사격장의 총은 일정 기간 동안 열과 압력을 계속 받다 보면 총열이 갈라지거나 터지는 등 사용하기가 힘들어진다. 이렇게 총이 고장이 나면 대체할 수 있는 총기를 사야 하는데, 이를 위해 사격장에는 일정 기간 동안 쿼터가 주어진다. 이 쿼터 제도를 활용하여 총기를 수입하는 방식이다.

이 방법도 실행이 어렵다면, 사격선수 자격증이 있는 민간인에게 요청하여 총기를 수입하는 방법을 써야 했다. 정 안 되면 팀원 중의 누구라도 사격선수 자격증을 취득해야 했다. 44구경, 45구경은 제한이 되는 상황이라서 살짝 걱정했지만, M1900은 32구경이었고 총열도 4인치가 넘어서 무난하게 통과될 것으로 예상했다(2인치짜리 총열은 제한이 걸린 경우도 있었다).

이 경우 총기는 민간사격장에 보관해야 한다. 우리가 예상한 사격장은 서울의 '남대문 사격장'과 경기도의 '경기도 종합사격장'이었다. 특히나 경기도 종합사격장은 실내 사격장과 실외 사격장을 모두 갖추고 있어서 굳이 군 사격장을 빌리지 않아도 됐다. 플랜 C의 가장 큰 장점이었다.

"굳이 미국 가지 않아도 돼. 한국 사격장에서 한국 사수가 쏘게 하면 돼."

"행정 소요도 크게 들지 않아."

"사격장에 보관해 놓은 다음 전쟁기념관에 기증하면 되잖아."

"경찰청 관할을 국방부로 옮기면 되는 건가?"

"그 정도 행정 소요는 전쟁기념관에서 처리할 수 있을 거야."

"전쟁기념관에서도 경찰 쪽 무기를 건네받은 적이 있으니까 전례가 없는 것도 아니지."

"초고속 카메라 빌려와서 발리스틱 젤 실험도 할 수 있어!"

"조명도 빵빵하게 치고!"

"그럼 플랜 C로 가자!"

그러나 플랜 C는 정확히 한 시간 만에 산산조각이 났다.

사격 장면 재현을 위해서는 최소한 다섯 개의 행동 주체로부터 의견 취합, 정보 공유, 의사결정 과정을 거쳐야 했다. 미국 쪽에서 사격을 준비하는 팀, 기증을 받는 전쟁기념관, 방송을 준비 중인 KBS, 우리가 섭외한 사격장, 총기 수입 대행업체들이 그 주체들이다. 그런데 플랜 C를 가로막은 생각지도 못한 복병은 경찰이었다. 몇 달 전부터 M1900의 수입과 사격에 대한 문의를 경찰청 생활질서계에 끈질기게 했다. 그때는 M1900을 유물로 판단한 것이었는데, 난데없이 사격장에서 개인이 총을 사용하는 용도로 들여온다고 하니 허가가 나지 않은 것이다.

대행업체에서 건네온 전언은 간단했다.

"전쟁기념관으로 들어가는 허가는 나올 거 같습니다. 그런데 일반 사격용으로 돌리는 건, 좀 어렵겠습니다."

이 총이 꽤 유명한 총이 됐다는 후문과 함께 우리의 플랜 C는 무너졌다.

결국 플랜은 돌고 돌아서 제자리로 왔다. 국내 사격을 위해서는 수장고에 들어간다는 가정 하에 불용화 처리를 조금 늦추는 방법을 찾아야 했다. 사실 총기를 구매한 뒤 이 총을 국내로 들여오기 위해 수입허가증을 '어디 주관으로' 받을까를 고민하며 배송업체와 공공기관에 접촉했었다. '총'이란 물건이 가지는 특수성 때문에 많은 부분 '지체와 서행'을 반복해야 했다.

결국 수취인은 전쟁기념관으로 결정됐고, 총기는 바로 전쟁기념관으로 발송하기로 했다. 속 편하게 미국으로 날아가 사격 장면을 재현한 뒤 국내로 배송하거나 아예 불용화 처리를 한 뒤 보내는 방법을 고민했지만, 역시나 '비용'이 문제였다.

민간인이 총이란 물건을 국내로 들여오는 일은 경찰청, 즉 행정안전부의 관할이다. 그러나 우리가 기증하기로 한 전쟁기념관은 국방부 관할이다. 국방부로부터 사격 협조를 받아 국방부 사격장을 통해서 사격을 재현하기로 이야기가 진행됐다.

미국에서의 촬영을 염두에 두고 현지 사격장과 코디네이터와 사격선수를 섭외하던 노력들, 국내 민간사격장을 섭외하던 노력들은 실현되지 못한 플랜 B, C가 되었다. 허탈하다는 생각보다는 어쨌든 총을 들여올 수 있고, 쏠 수 있다는 사실에 감사했다. 민간인으로서 '안중근의 총'을 들여오는 것이 '꽤' 힘든 일이라는 점을 깨닫게 된 이후부터는, 거의 득도한 심정으로 "진행만 되면 돼"라는 주문만 외게 됐다.

행정기관의 협조, 복각 업체의 선정, 배송 단계의 시작, 모처의 다큐멘터리 사업 지원 서류 발송(개요 서류만 26장을 썼는데 떨어졌다), 크라우드펀딩 등록 및 사은품 디자인 완성 등 모든 절차를 마무리하자 허탈함이 밀려왔다.

회사 직원 네 명 중 세 명이 프로젝트 진행 과정에서 잔병치레로 교대로 쓰러지고 일어나고를 반복했다. 손꼽아 보니 일주일에 최소한 6일 정도는 출근을 했던 것 같다. 출근 시간은 평균 9시 30분 정도, 퇴근은 10시 정도였다. 나 역시도 약을 입에 달고 살았다. 인원은 적은데, 할 일은 너무 많았다. 〈잃어버린 총을 찾아서〉 이 프로젝트 하나에 들어가는 콘텐츠만 해도 다큐멘터리 한 편, 책 한 권, 업체 두 군데의 연재기사, 〈건들건들〉 유튜브 채널에 올라갈 특별 영상 2편까지 만들어야 했다. 여기에 다큐멘터리 작업을 위한 인터뷰 진행, 언론 홍보를 위한 활동까지 더해졌다. 문제는 아직 복각 작업은 시작도 하지 못했다는 것이다.

태풍의 눈으로 들어온 건가? 정신없이 뛰어다니다가 이제 겨우 한숨 돌릴 틈이 생긴 순간, 멍해 있는 상황에서 문득 떠오른 한 가지가 있었다.

"서른."

안중근의 서른,
그리고 우리들의 마흔

안중근 장군은 1879년 9월 2일에 태어났다. 안중근 장군의 사형 집
행일은 1910년 3월 26일이다. 안중근의 나이는 한국 나이로는 서른
둘, 만 나이로 계산하면 서른이다.

〈잃어버린 총을 찾아서〉 다큐멘터리를 촬영하는 감독의 의도는 간
단명료했다. "40대 남자라면 사회에서 당연히 요구하는 '것들'과 괴
리된 이들의 모습을 그려내고 싶다."

1974년생, 1975년생, 1978년생. 회사 '우라웍스'를 만든 남자 세
명의 나이를 다 더하면 100세를 훌쩍 뛰어넘었다. 평균 나이는 어느
새 42세 가까이 됐다. 감독이 보기에 우리는 평균적인 40대와는 거리
가 먼, 아니 유리된 삶을 살아가고 있었다(회사 대표는 이를 부정했다. 대

표는 평균적인 40대의 삶에 가장 근접한 삶을 살고 있다고 주장했다).

감독에게 반문했다.

"평균이란 게 있을까요?"

"평균은 없지만, 대다수가 살아가는 삶이 그 사회에서 가장 평균적인 삶이라고 할 수 있잖아요?"

"평균적인 삶이 곧 옳은 삶은 아니잖아요."

"옳은 삶의 정의는 뭔가요?"

"옳은 삶이 뭐라고 정의내릴 순 없겠죠. 제가 그럴 깜냥이 되는 사람도 아니고. 다만 대다수가 살아가는 삶의 방식이 꼭 행복하다든지, 개인의 인생에서 옳다고 말할 수는 없을 겁니다."

"그 부분은 인정하지만……. 그래서 행복한가요?"

"……"

숨이 턱 하니 막혔다. 주류에서 비켜간 삶, 남들 다 가는 삶의 경로에서 이탈한 삶. 그 삶에 어떤 행복이 있는 것일까? 개인적으로 말하자면, 나의 30대는 기본적으로 삼성의 과장급 정도는 되는 연봉을 받기 위한 삶이었다. 잘 다니던 직장을 그만두고, 프리랜서의 삶을 선택한 이유는 내 글을 쓰기 위해서였다. 돌이켜보니 그렇게 10여 년이 흘렀지만, 내가 써보고 싶은 글을 쓴 적은 없다. 그저 하루하루를 꾸역꾸역 살아가고, 메워 나갔을 뿐이다. 열심히는 살아왔는데, 그 방향이 잘못되었던 것이라 스스로를 위로했다. 감독의 질문은 압박 면접같이 계속 이어졌다.

"안중근의 총을 왜 찾았어요?"

"'자동반사'라고 해야 할까요? 아무도 안 하니까, '그럼 해야지'라는 반응이 저절로 나오더군요."

"그걸 찾으면 행복할 거 같아요?"

"행복까지는 아니지만, 재미있을 거 같았죠."

"재미? 어떤 의미에서의 재미인가요? 안중근이라는 이름이 수식어로 붙는 순간 그 무게감은 전혀 달라지잖아요? 어디서 재미를 찾을 수 있죠? 민족의식, 애국심 같은 거면 모를까."

"말씀하신 대로 안중근이란 사람은 그렇게 중요한데, 아무도 '총'에 대해서는 언급을 하지 않잖아요. 그렇다면 누군가는 해야겠죠. 그게 나일 수도 있고, 다른 누군가일 수도 있겠지만……. 기왕 말을 꺼냈으니 끝까지 해보자는 거죠. 아무도 안 해본 걸 해본다는 건, 내 기준으로는 '재미'라는 말로밖에 표현이 안 돼요."

"민족의식, 애국심 같은 건 부차적인 것인가요?"

"굳이 말하자면, 거창하고, 어렵고, 무거운 이야기는 우리 팀이 아니어도 할 사람들 많고, 이미 충분히 나왔다고 봐요. 애초에 총 하나만 바라보고 시작한 프로젝트니, 총에 집중하고, M1900에 대한 궁금증에 집중해서 이야기를 끌고 가고 싶었어요. 총을 중심에 두고 주변의 이야기까지 전하는 것, 거기에 의미를 두려 합니다. 솔직히 말해서 이 프로젝트 진행하면서 우리도 몰랐던 사실, 남들에게 알려주고 싶어 근질거릴 정도로 흥미로운 사실들을 많이 접하게 됐어요. 그게 재미 아닐까요? 나머지는 다른 사람들이 알아서 하겠죠."

"하긴, 안중근과 관련한 이야기는 차고 넘치죠."

"차고 넘치죠."

"중요한 건 그게 이 프로젝트를 진행하는 주체들에게 어떤 의미냐는 거죠. 이걸로 돈을 벌겠다는 것도 아니고, 오히려 돈을 쏟아붓고 있죠. 이 프로젝트로 딱히 장기적인 사업을 하겠다는 것도 아니고, 단발성 프로젝트로 끝나는 것인데……. 내년에는 또 다른 소셜 프로젝트를 기획 중이라죠? 개인에게는 재미라고 할 수 있겠지만, 회사 차원에서는 재미로 덤벼들기에 너무 부담이 크지 않을까요?"

"회사를 만든 목적이 그거니까 그 정도는 각오하고 있는 것이죠. 이게 나쁘게 보자면 선비 기질이라고 할 수 있고, 우리 나름대로의 의미를 부여하자면 '멋'이죠. 우리들끼리의 미학이라고만 한다면 잘못된 것일 수도 있는데, 그게 다른 사람들에게도 조금이나마 통할 거라 생각한 거죠. 여기까지만 하고 빠지자는, 우리들만의 철학을 관철해나가는 것……. 그게 재미가 아닐까요?"

솔직히 말하면 힘들었다. 회사는 회사의 사정이 있다. 개인의 선의善意에 기댄 회사는 오래 가지 못한다는 것이 지론이었는데, 어느새 개인의 선의에 기대 꾸역꾸역 버티고 있는 모습을 목도하게 됐다. 하루하루 일은 쌓여가고, 몸은 지쳐갔다. 기계처럼 반복적으로 안중근 관련 글을 쏟아내던 그때 문득 그의 나이에 시선이 향했다.

나이와 사람의 크기는 꼭 정비례하지는 않는다. 그럼에도 나이는 그 사람의 생각과 경험을 유추하게 만든다. 안중근은? '30대'라는 규격을 벗어난 존재였나. 내 나이 서른 때 난 무엇을 했을까? 막연하게 '돈'을 좇았던 것 같다. 그러나 곰곰이 따져봤을 때, 내가 과연 무엇을 원했던 것인지 제대로 말할 수나 있을까?

아니, 말하는 것은 상관없다. 타인이 인정할 만한 '그럴듯한' 말을 꾸며 내면 된다. 세상 모든 사람들을 속일 수 있다. 그러나 스스로를 속일 수는 없다. 나이 서른에도, 그리고 10여 년이 지난 지금도 내가 무엇을 원하는지 자신 있게 대답할 수 없다.

무슨 철학이나 주의까지 더듬어 올라가며 거창하게 날 포장하고 싶지는 않다. 그저 궁금했다. 안중근은 나이 서른에 자신이 가야 할 길을 정하고, 그 길에 자신의 모든 것을 내던졌다. 가족도, 재산도, 심지어 그 생명까지 걸어서 말이다. 하얼빈 의거의 정치적 성격이나 이후의 역사까지 살펴보지 않아도 된다. 안중근의 의거 직후 모습과 공판 기록만 보면 이미 안중근은 자신의 생명을 내던질 각오가 되어 있었음을 확인할 수 있다.

되묻고 싶다. 무엇이 그에게 이런 확고한 결심을 건넸는지 말이다.

안중근과 우리들의
'인생을 건 선택'

인간은 모두 다르다. 다르다는 것은 곧 사람마다 각자의 고유성과 개성이 있다는 것을 의미한다. 그러나 현대 사회에서, 아니 인류가 걸어온 길을 살펴보면 거의 대부분 '비슷한' 길을 걷는다. 모두가 같은 길을 걷는다. 각자마다 고유성과 개성이 다 다른데 살아가는 방식은 거의 똑같다.

왜 그럴까? 수많은 석학들이 말해왔고, 우리 스스로도 너무나 잘 알고 있다. 바로 '두려움' 때문이다. 다른 길이 있다는 것은 누구나 다 알고 있다. 그러나 다른 길로 갈 수 없는 것은 낯설고 어려운 것에 대한 부담감뿐만 아니라 이 선택에 '책임'이 따른다는 두려움 때문이다. 대부분의 사람들은 선택에 대한 대가로서 찾아오는 책임감과 그에 대한 두려움 때문에 남들이 개척했던 길을 그대로 따라간다. 선택에 대한 두려움이 삶의 행로를 고착화시켜버린 것이다.

"인생은 B(brith)와 D(death) 사이의 C(choice)다."

장폴 사르트르Jean-Paul Sartre가 했던 유명한 말이다. 우리의 인생은 수많은 'C(선택)'로 이루어짐에도 불구하고, 많은 사람들이 'C'를 두려워한다. 그러나 인생은 어느 누구도 대신 살아주지 않는다. 비록 우리의 선택 중 대부분은 타인에게 의지하거나 타인의 주장에 전염됐던 것일지라도, 삶에서 오롯이 나 자신의 생각과 판단으로 선택하고 결정을 내려야 하는 순간은 분명히 존재한다.

안중근은 어떠했을까? 그는 오롯이 자신의 선택을 했다. 그가 옥중에서 집필한 자서전인 《안응칠 역사》나 《동양평화론》, 그리고 그의 신문기록과 공판기록을 살펴보면 일찌감치 자신의 역사를 준비하고 그 대가를 치를 준비를 마쳤다는 것을 확인할 수 있다.

"나는 결심하고 대사를 행한 것으로, 결코 거짓말을 하지 않았다."

"나는 내 몸에 대하여는 원래 생각한 일이 없다. 이토 히로부미의 생명을 빼앗으면 나는 법정에 끌려 나가서 이토 히로부미의 죄악을 일일이 진술하고 자신은 일 측에게 일임할 생각이었다."

선택을 했고, 그 선택에 대한 대가를 치르겠다는 확고한 의지. 그게 다였다. 지극히 단순하고 평범한 일이다. 그러나 이 '평범함'을 선택하지 못한 많은 사람들은 남들과 똑같이 살아가야 한다는 '평범함'에 치여 삶을 지탱한다.

혹자는 인생을 걸 만한 '무언가'를 발견하지 못했다고 말한다. 그럴 수 있다. 그러나 답답한 일상 앞에서 탈출구를 찾을 때 우리가 바라본 선택지가 무엇이었는지 곰곰이 생각해봐야 한다. 살아가면서 우리 눈앞에 놓였던 수많은 선택지들, 그중에서 우리가 애써 지워버린 것들이 있다. 너무나 간절히 원하고 바라봤던 선택지임에도 불구하고, 우리는 그것을 지웠다. 그것을 선택했을 때 따라올 대가가 두렵고 무서웠기 때문이다.

인생은 어쩌면 간단한 것이다. 인생을 걸어볼 만한 '무엇인가'를 찾아가는 과정. 그 '무엇인가'가 가리키는 대로 나아갈지, 아니면 저어할지 선택하는 것. 그리고 그 선택에 대한 대가를 지불하는 것. 그것이 인생이다.

안중근 장군은 온전히 자신의 인생을 살았다. 그의 짧은 인생을 안타까워하지만, 어쩌면 그는 여든, 아흔을 사는 현대의 우리보다 훨씬 더 깊고 진한 인생을 산 것인지도 모른다.

8장

남겨진 사람들의
슬픔

영웅 안중근의 죽음,
그리고 남겨진 가족들의 삶

안중근은 영웅의 삶을 살다 서른이란 나이에 세상을 떠났다. 그렇다면 그를 떠나보내고 남겨진 가족들은 어떤 삶을 살았을까?

안중근은 아내인 김아려 사이에 2남 1녀를 두었다. 장녀 안현생과 맏아들 분도(안문생), 둘째아들 안준생이 있었다. 안중근 장군의 의거 직전 그의 동료들은 안중근의 가족들을 국외로 도피시켰다. 그런데 아이러니하게도 안중근 장군의 의거 당일에 그의 처와 자식들은 하얼빈에 도착했다. 이후 이들의 도피를 도운 유승렬은 일제의 감시를 피할 수 있는 연해주 코르지포로 안중근의 가족들을 피신시켰고 재정적인 후원을 해줬다. 당시 유승렬은 의사로서 활동했는데, 그의 아들 유동하는 하얼빈 의거 직후 체포되어 재판을 받기도 했다.

안중근의 부인 김아려 여사와 아들 안준생(가운데)과 딸 안현생(오른쪽).

이러한 정황은 당시 하얼빈 의거가 안중근 장군 혼자서 결행한 것이 아니라는 사실을 확인시켜준다. 거사를 치르기 전부터 법정 투쟁을 대비한 변호사 선임 전략을 논의하고 가족들을 대피시켰다는 사실은 하얼빈 의거가 여러 사람들의 조직적인 준비로 이루어진 거사였음을 보여준다.

안중근 장군이 순국한 직후 연해주에서는 '안중근 유족 구제 공동회'가 결성됐고, 1910년 10월 안중근의 어머니와 첫째 동생 안정근, 둘째 동생 안공근 등 안중근 일가가 모여서 살게 됐다. 그러다가 1911년 4월 코르지포에서 10여 리 떨어진 조선인 마을 목릉穆陵 팔면통八面通으로 이주하게 된다. 이때 도움을 준 이가 도산 안창호 선생이었다. 안창호 선생의 도움으로 안중근 가족은 농장을 마련해 안정적인 삶을 꾸려나갈 듯이 보였다. 그런데 일제의 추적이 여기까지 미쳤다.

안중근 장군이 아꼈던 큰아들 분도. 잘 교육시켜 신부로 키워달라고 부탁했던 분도가 누군지 모르는 낯선 사람이 주는 과자를 먹고 죽었다. 독살毒殺이었다. 이때 나이가 일곱 살이었다. 이후 안중근 가족은 니콜리스크로 이주하게 된다. 그러나 이곳에서의 삶도 위험하긴 마찬가지였다. 연해주의 독립 운동가들과 안중근 장군의 동지들은 안중근 가족의 신변 보호를 위해 애를 썼지만, 때마침 불어 닥친 러시아 혁명 때문에 이곳도 안전하지 않았다.

그러다가 희소식이 들린다. 1919년 상하이에 임시정부가 출범하게 된다. 안중근 가족은 도산 안창호 선생과 백범 김구 선생의 도움으로 1919년 10월 상하이로 이주한 뒤 프랑스 조계 내 남영길리南永吉里

에 정착했다. 이곳은 평안도 출신 서북지방 인사들이 많이 거주하던 곳이었다.

이때부터 얼마간은 안중근의 가족들에게 평화가 찾아왔다. 그 속마음을 짐작할 순 없지만, 적어도 외견상으로 보이는 삶은 그 이전의 삶보다 나아졌다. 안중근 장군의 두 형제인 안정근, 안공근은 임시정부에서 활약하며 대한민국 독립을 위해 싸웠는데, 이때쯤 안공근은 백범 김구의 조직에 들어가 그의 오른팔로 활동하게 된다. 그리고 안중근의 하나 남은 아들 안준생은 가톨릭 학교에 입학하여 영어를 공부했다.

그러나 이들 가족의 도피와 유랑 생활은 너무 길었다. 1930년대 중반 안준생은 자신보다 두 살 많은 정옥녀와 결혼한다(후에 2남 1녀를 두었다). 이때 처가에서 제안이 들어온다.

"자네 신분상 번듯한 직장에 취직하기도 힘들고, 취직한다고 하더라도 제대로 직장 생활하는 것이 어려우니, 차라리 가게를 하나 열어 보는 것이 어떤가?"

이렇게 해서 안준생은 약국을 차리게 된다. 그러나 이 약국을 두고 심상찮은 소문이 돌았다. 안준생이 헤로인을 판다는 소문이었다. 소문은 계속 이어졌다.

"안준생이 친일파가 돼서 일본 돈으로 약국을 차렸다면서?"

"안준생이 변절했다는데?"

"호부견자虎父犬子라더니……. 지하에 있는 안중근이 통곡하겠네."

이것이 과연 사실일까?

전쟁에 미쳐가던
일제의 만행

먼저 두 가지 문제를 생각해 봐야 한다.

첫째, 안중근 일가는 1909년부터 1937년까지 도피와 유랑 생활을 했다는 것이다. 아버지가 근대 일본의 상징인 이토 히로부미를 척살한 대가로 그 가족들은 끝이 보이지 않는 도피와 유랑을 강요받았다. 장남인 안문생은 독살당했고, 가족들은 일제의 마수를 피해 떠돌이 생활을 해야 했다. 안준생은 아버지에 대한 제대로 된 기억 하나 없었는데, 평생을 아버지의 그림자 속에서 헤어 나오지 못했다. 번듯한 직장도 없이 제대로 된 삶을 꾸리지 못한 채 부평초처럼 떠돌아야 했고, 일제의 감시와 위협 속에서 불안한 생활을 이어나가야 했다. 삶이 아니라 생존이었다.

둘째, 1937년 7월 7일 발발한 중일전쟁이 안중근 가족에게 미친 영향이다. 일본군이 상하이로 치고 들어오며 치열한 전투가 벌어졌다. 당시 임시정부는 상하이를 떠나 충칭으로 거처를 옮겼는데, 이 과정에서 실수가 있었다. 안준생은 충칭으로 가지 못한 것이다. 임시정부가 미처 챙기지 못한 깃일 수도 있고, 그가 자의적으로 남았던 것일 수도 있다.

일본군이 상하이를 점령할 당시, 이들은 잔뜩 독이 올라 있었다. 처음 개전할 때는 2~3개월이면 대륙을 토벌할 수 있을 것이라 장담했는데, 장제스가 독사단(독일식 사단), 즉 독일군 군사고문에게 훈련을 받고 독일식 장비로 무장한 88사단의 주도 하에 일본군을 철저히 박살낸 것이다. 그 결과 일본군은 상하이에서만 3개월 동안 붙잡혀 있었다. 그나마도 일본군 증원부대가 도착하고 나서야 겨우 상하이를 점령할 수 있었다. 일본군은 상하이 전투의 피해로 올라 있던 독을 양민에게 뒤집어씌우며 무차별 학살을 이어갔다. 난징 대학살의 단초가 된 것이 상하이 전투였다.

여기서 잠시 한국의 상황으로 되돌아가보자.

장충단은 을미사변 당시 일본 낭인들에 맞서 싸우다 피살된 시위연대장 홍계훈과 궁내부대신 이경직 등을 기리기 위해 고종이 쌓은 제단이다. 독립과 항일의 의지를 담은 공간이 바로 장충단이었다. 일본이 이곳을 가만히 내버려뒀을까? 1919년 조선총독부는 장충단 자리를 공원으로 바꿔버렸다. 그리고 1932년 이 공원 동쪽 언덕에 춘무산春畝山이란 이름을 붙이고, 그 위에 박문사博文寺라는 절을 세운다. 이 두 개의 이름은 한 인물과 관계돼 있다.

춘무는 이토 히로부미의 호다. 박문사는 이토 히로부미의 이름인 이등박문伊藤博文에서 따왔다. 이 절은 이토 히로부미의 23주기 기일인 1932년 10월 26일 완공된다. 설립 목적을 들어보면 이 절의 실체를 똑똑히 확인할 수 있다.

"조선 초대총감 이토 히로부미의 훈업勳業을 영구히 후세에 전하고, 일본 불교 진흥 및 일본인과 조선인의 굳은 정신적 결합을 위해서 세웠다."

이 절의 낙성식에는 당시 조선총독인 우가키 가즈시게宇垣一成를 대표로 한 일본 측 인사들과 친일부역자였던 이광수, 최린, 윤덕영 등을 포함한 한국인들이 모였다. 당시 한국을 움직였던 지배자들이 모두 모인 것이다. 낙성식에서 덴노와 황족들의 하사품이 전달된 것을 보면 당시 박문사와 이토 히로부미의 위상이 얼마나 대단했는지 알수 있다.

여기서 "일본인과 조선인의 굳은 정신적 결합"이라는 대목에 주목해보자. 일본은 박문사를 통해 한국인들의 정신을 통제하려 했다. 이 당시 일본은 침략전쟁을 본격화하던 시기였다. 중국과의 전쟁과 뒤이은 태평양 전쟁으로 일본은 사회를 더욱 통제하고 군국주의 색채를 강화시켜나갔다. 한마디로 전 사회에 '전쟁 분위기'를 조성한 것이다.

1937년에는 이곳에 '폭탄3용사' 동상을 세운다. 폭탄3용사가 누굴까? 1932년 2월 22일 일본군이 중국 상하이를 공격하면서 등장한 전쟁 영웅이다. 일본 육군의 공병이었던 에시타 다케지江下武二, 사쿠에 이노스케作江伊之助, 기타가와 유주루北川丞가 중국군이 점령하고 있던 성책으로 긴 폭탄통을 같이 들고 육탄 돌격해 중국군 수십 명을 죽이고 성책을 함락시킨다. 일본군은 이 일화를 대대적으로 보도했고, 이에 호응해 일본 사회는 최초로 전몰장병을 위한 조의금 모금을 했으며, '폭탄3용사'라는 군가까지 만들었다.

이 당시 '폭탄3용사'에 대한 일본 사회의 열기는 '비정상적'이라 할 정도로 어마어마한 것이었다. 폭탄3용사에 대한 가부키가 만들어졌고, 한 달 사이에 여섯 편의 영화가 쏟아져 나왔으며, 3용사를 주제로 한 창가가 만들어져 레코드로 발매됐고, 이 음악은 기린 맥주 CF의 음악으로 사용됐다. 이 정도는 '애교'였는데, 나중에 가면 '3용사' 장난감이 만들어져 아이들이 가지고 놀게 했고, 이 이야기가 일본 국민윤리 교과서에 실리기까지 했다(태평양 전쟁 당시 빈번하게 등장했던 만세돌격이나 가미카제 자폭공격, 일억옥쇄 등의 시초라 할 수 있다).

여담이지만, 이 폭탄3용사의 이야기는 전후 연구자들의 연구에 의해 '창작'이었음이 밝혀졌다. 이 당시 일본군은 중국에서의 전쟁이 생각 외로 길어지자 일본 사회의 눈을 돌리기 위해 '영웅'을 조작해야겠다는 생각을 하게 된다. 이때 일본 육군 첩보부가 중국군과의 전투에서 전사한 몇 명의 전멸장병들의 이름을 모아서 이야기를 만든 것이었다(1950년 한국전쟁 당시 한국군이 대외적으로 선전한 '육탄10용사'의 연원은 바로 이 '폭탄3용사'에서 찾을 수 있다).

이 폭탄3용사의 동상이 서울 한가운데 세워졌다는 것이 무슨 의미일까? 박문사를 일본의 중국 침략에 대한 정신적 기지로 사용하겠다는 의미다. 그리고 박문사는 그 소명을 충실히 이행했다. 1939년에는 이토 히로부미를 비롯해 이용구, 송병준, 이완용 등 한일 병합 공로자

한일 병합 이후
일제의 '내선일체' 정책

조선신궁에 신사참배를 강요당한
한국 학생들.

강제로 일본어 교육을 받고 있는
한국 학생들.

일본의 '폭탄3용사'와
한국의 '육탄10용사'

일본에서 '폭탄3용사'를 기리며 만들어진 기린 맥주 광고. 1932년.

경기도 파주군 동아공원에 건립된 '육탄10용사' 충용탑 제막식 현장. 1980년.

들을 위한 감사 위령제가 이곳에서 열렸다. 이 위령제에도 최린, 이광수, 윤덕영 등 친일파들이 대거 찾아가 자리를 빛냈다. 박문사는 일제가 한국인들의 정신세계를 지배하기 위한 하나의 상징이었다.

그날 박문사에서
무슨 일이 일어났는가?

며칠 후, 위령제가 열렸다. 얼마 전부터 떠돌던 믿어지지 않는 소문을 확인하려는 사람들로 박문사는 엄청나게 붐볐다. 내선일체를 부르짖는 미나미 총독의 연설이 끝나고 이토 히로쿠니가 무대에 올랐다. 이토 히로부미의 아들이라는 소개에 열화와 같은 박수가 터졌다. 미나미 총독이 안준생을 불러 안중근의 아들이라 소개했다. 장내가 더욱 소란스러워졌다. 미나미 총독은 둘을 무대 가운데로 인도했다. 마주보고 섰다. 이토 히로쿠니가 오른손을 내밀었다. 준생은 허리를 숙이고 두 손으로 악수를 받았다. 환호와 탄식이 동시에 터져 나왔다. 다음 날, 일본 신문들은 "테러리스트 안중근의 자식이 아비 대신 용서를 구했다"고 전했다.

(중략)

"호부견자虎父犬子라더군요. 호랑이 아비에 개 같은 자식. 하하……. 그럼 나더러 어쩌란 말입니까? 그 자리에서 제안을 단호히 거절하고 잡혀 죽어야 했나요? 영웅 아버지처럼 위대하고 영광스럽게? 사실 아버지는 재판도 받고 가시는 날까지 시끌벅적하기라도 했지만, 나는 알아주는 사람도 없고 그야말로 개죽음 아니었을까요? 내 형은 일곱 살 나이에 자기가 왜 당해야 하는지도 모르고 독을 먹고 죽어버렸죠. **나도 그렇게 죽었어야 했단 말입니까? 아무도 기억 못하고 아무런 의미도 없는 그런 죽음을? 왜? 내가 안중근의 아들이어서?**"

_《이토 히로부미, 안중근을 쏘다》'준생' 편 중에서

《이토 히로부미, 안중근을 쏘다》는 조마리아 여사(안중근의 모친)의 후손인 조동성과 역사학자 이태진, 김성민이 함께 쓴 안중근 일가에 관한 책이다. 사실을 기반으로 쓴 소설이라는 점에 주목해봐야 하는데, 안중근이라는 위인이 가지는 무게감 때문에 쉽게 접근하기 어려웠던 안중근과 그 가족들의 내밀한 모습을 확인할 수 있다.

위에서 언급한 대목은 '준생' 편에 나오는 안준생의 독백이다. 처음 이 문장을 접했을 때의 충격이란 이루 형언할 수 없었다. "나도 그렇게 죽었어야 했단 말입니까? 아무도 기억 못하고 아무런 의미도 없는 그런 죽음을? 왜? 내가 안중근의 아들이어서?"

아버지는 자신이 선택한 길을 갔다. 그 끝에 죽음이 있었고, 이를 담담하게 받아들였다. 선택에 따른 대가를 치른 것이다. 그러나 안준생은 태어나 보니 안중근의 아들이었다. 그의 형은 안중근의 아들이라는 이유로 일곱 살 때 독살당했고, 그는 평생을 변변한 직업 하나

없이 떠돌아야 했다. 게다가 1937년 임시정부는 그를 남겨두고 충칭으로 떠났다.

일제의 손아귀에 들어간 안준생. 그의 선택을 어떻게 바라봐야 할까? '준생'의 독백이 있었던 날은 1939년 10월 16일이다. 당시 총독이었던 미나미 지로南次郎가 단상 위에 올라갔다. 그리고 한 남자를 소개한다. 이토 분기치伊藤文吉 남작. 이토 히로부미의 아들이자, 당시 일본광업 사장이었다(실제 역사와 달리《이토 히로부미, 안중근을 쏘다》에서는 '이토 히로쿠니伊藤博邦'가 이토 분기치의 역할을 맡는다. 히로쿠니는 이토 히로부미의 양자였고, 분기치는 이토 히로부미의 첩이 낳은 서자였다).

분기치의 소개가 끝나자 미나미 지로는 다른 남자 한 명을 소개한다. 바로 안중근의 아들 안준생이었다. 박문사를 가득 메운 군중들이 소란스러워졌다. 방금 전 이토 분기치를 소개했을 때와는 다른 소란이었다. 미나미 총독은 아랑곳하지 않고 두 사람을 단상 위 가운데로 이끈다. 먼저 손을 내민 사람은 이토 분기치였다. 안준생은 분기치가 내민 손을 두 손으로 공손히 받으며 허리를 숙였다.

"아버지를 대신해 깊이 사죄드립니다."

함성과 탄성이 흐르자, 안중근의 아들이 이토 히로부미의 아들에게 사죄를 했다.

"죽은 아버지의 죄를 내가 대신 속죄하고 전력으로 보국保國의 정성을 다하고 싶다."

안준생이 박문사에서 일본인들과 조선인들에게 했던 말이다. 이토 히로부미 사망 30주기를 맞이해 가해자의 아들이 피해자의 아들을 찾아와 사죄를 한다. 그것도 이토 히로부미를 추모하기 위해 만든 박

THE GREEN TREES GROW THICK IN SHOCHURAN PARK, KEIJO.
奬忠壇公園(京城)

을미사변 당시 일본 낭인들에게 맞서 싸웠던 이들을 기리기 위해 세워진 장충단의 부속 비각.

일제가 장충단을 없애고 이토 히로부미를 기리기 위해 세운 사찰 박문사.

문사에서. 너무도 드라마틱한 전개다. 일상에서 이런 일이 일어날 수 있을까? 불가능하지는 않겠지만, 흔히 볼 수는 없다. 더군다나 이 드라마의 주인공들은 동북아 역사의 물줄기를 뒤바꿔 놓은 '대사건'의 후예들이다. 이렇게 길게 설명을 늘어놓은 것은 이 모든 상황 전개가 '우연'이 아니라는 것을 말하기 위해서다.

1939년 10월 16일 박문사에서 있었던 이 이벤트는 조선총독부의 작품이다. 격화되는 전쟁 앞에서 내선일체를 외치던 일제로서는 안준생과 이토 분기치의 만남과 화해가 더없이 훌륭한 이벤트가 될 수 있었다. "조선 초대 통감이었던 이토 히로부미를 죽인 안중근의 아들이 30년이 흘러 아버지의 죄를 사죄하는 모습." 이것은 그 자체로 한일 병합의 정당성과 내선일체의 당위성을 한눈에 보여주는 그림이었다. 다시 말하지만, 이 모든 것은 철저히 기획됐던 이벤트다. 안준생과 이토 분기치가 박문사 단상에서 처음 만났을까? 아니었다. 이들은 이미 조선호텔에서 만나 박문사에서 어떤 동선으로 움직일지 이미 '합'을 맞춰 놓고 박문사로 향했던 것이다.

그리고 조선총독부가 기획한 이벤트는 기대했던 효과를 냈다.

아버지가 범한 죄 때문에 고투의 30년을 보냈던 안준생 군이 생애의 원망願望(소원)이었던 이토 공에게 사과를 토로한 지금, 홍대한 성은에 감읍하면서 은혜와 원수를 초월한 자식끼리 서로 손을 잡고 과거를 청산, 국가를 위한 봉사를 맹세했다.

_1939년 10월 17일 《경성일보》 기사 중에서

친일 언론들이 들고 일어났고, 친일 부역자들이 맞장구를 쳤다. 친일 부역 언론의 기사가 맞는 것일까? 모든 시중의 여론이《경성일보》의 그것처럼 움직였던 것일까? 그렇게 생각하면 순진한 판단이다. 조선총독부도 그것을 예상하지는 않았다. 일제가 원했던 건 '체념'이었다.

"안중근의 아들마저……."

"안중근 아들도 저럴진대 우리가 뭘 어쩌겠어? 독립운동이란 게 결국은 바위에 계란치기였어."

내선일체內鮮一體란 일본과 한국이 하나가 되는 것이 아니다. 한국이 일본에 굴복해 기어들어가서 완전히 흡수되는 것이다. 그러니 창씨개명을 요구하는 것이 아닌가? 그러기 위해선 한국인들의 굴복이 필요하다. 이 굴복의 전제 조건이 '체념'이다.

포기했을 때 패배가 시작된다. 독립에 대한 갈망이 있을 때는 아무리 희망이 없더라도 싸울 수 있다. 그러나 하나둘 무너지며 희망이 체념으로 변하면, 달아올랐던 독립에 대한 열망도 사라질 것이다. 내선일체의 진정한 목표는 우리 민족의 '체념'이었다. 그런 의미에서 조선총독부는 일을 잘했다. 멋진 기획이었고, 성공적인 이벤트였다.

영웅의 아들에서
단죄의 대상으로

일제는 안중근의 핏줄에 대한 집요한 회유와 공작을 시도했다. 안중근의 아들 안준생, 그리고 안중근의 사위가 되는 황일청(안현생의 남편)은 공작 1순위 존재들이었다.

여기서 개인적인 생각을 밝히자면, 나는 "그들은 할 만큼 했다"라고 평하고 싶다.

태어나 보니 안중근의 아들이었다. 안중근의 핏줄이란 이유 하나만으로 독살을 당한 장남안 안문생을 생각해보자. 안중근 장군의 집안은 늘 불안에 떨며 만주와 연해주, 상하이 등등을 떠돌아다녀야 했다. 그 시간이 자그마치 30년이다. 이 기간 동안 안중근 일가의 삶은 생활이 아닌 생존이었다.

물론 안중근의 친동생인 안공근, 안정근 형제들처럼 독립운동에 투신할 수도 있었다. 그러나 그 선택을 강요할 수는 없다. 아버지가 독립운동을 했다고, 아버지가 목숨을 걸었다고 그 아들에게까지 선택을 강요할 수는 없다. 안중근 일가는 할 만큼 했다.

이후 안준생은 어머니가 있는 상하이로 돌아왔다. 김아려 여사는 돌아온 아들에게 측은히 한마디를 건넸다.

"고생했다."

이후 안준생과 그 일가는 짧은 영화榮華를 누린다. 일본은 돌아온 탕아를 반기듯 각별한 대우를 해줬다. 상하이에 있는 고급 주택을 내 줬고, 생활의 배려를 얻을 수 있었다. 이 덕분인지 1941년이 되면 그의 누이인 안현생도 박문사를 찾아가 이토 히로부미에게 분향하게 된다.

김구는 이런 안준생을 보며 치를 떨었고, 결국 안준생을 죽이려는 시도까지 했다. 《백범일지》를 보면, 해방 후 김구가 중국 경찰에 "안준생을 죽여 달라"라고 요청하는 대목이 있다. 중국 경찰은 이를 거절했다.

목숨을 건진 안준생의 삶은 어떠했을까? 그 말로는 더 비참했다. 일본이 패망하고 모든 것이 끝난 것 같았지만, 바닥 밑에는 또 다른 바닥이 있었다. 중국 공산당과 국민당이 갈라져 전쟁을 일으킨 것이다. 상하이까지 밀고 들어온 중국 공산당을 피해 홍콩으로 이주한다. 다시 고국으로 돌아가려 했지만, 이 역시도 여의치 않았다. 결국 1951년 한국전쟁 와중에 아내 정옥녀와 아들 안웅호, 안연호를 미국으로 보낸 후 홀로 귀국하게 된다(친일부역자라는 오명을 자신의 가족들에게 물려주지 않으려 했던 것으로 생각된다).

아마 안준생은 '끝'을 보려고 고국을 찾은 것이 아니었을까? 영웅의 자식에서 단죄의 대상이 된 자신의 생을 고국에서 마감하려 했던 것 같다. 그러나 끝은 허무하게 찾아왔다.

안준생은 폐결핵에 걸려 생사의 갈림길에 서 있었다. 이것을 확인한 손원일 제독이 부산 바다에 정박한 덴마크 적십자선에 그를 입원시켰지만, 이미 손쓸 수 없는 상태였다. 그는 고국으로 돌아왔지만, 타국의 배 위에서 생을 마감했다.

영웅의 아들 안준생의 쓸쓸한 죽음이었다.

9장

미국에서
M1900을 쏘다

'플랜 A'에서
다시 '플랜 B'로

"된다. 하지만, 쉽게는 안 된다."

〈잃어버린 총을 찾아서〉라는 프로젝트를 한 문장으로 정리한다면 이렇게 정의할 수 있을 것 같다. 프로젝트를 진행하는 1년 반 동안 가장 많이 내뱉었던 말이다. 프로젝트의 모든 단계를 하나씩 건널 때마다 될 듯하다가 안 되고, 안 될 듯하다가 다시 새로운 활로가 열리는 순간들이 있었다.

"쉽게 보내주지는 않겠다"라는 느낌이라고 해야 할까, 누군가 조종을 하는 것만 같았다. 엄두도 못 낼 만큼 커다란 벽이 놓여 있다면 재빨리 포기하고 프로젝트 자체를 접었을 텐데, 포기를 선언할 때쯤이면 눈앞에 다른 길이 펼쳐졌다. 말 그대로 "쉽게 보내주지는 않겠다"라는 묘한 섭리 같은 것을 느꼈다.

실사격 추진에서 특히 그런 느낌을 받았다. 앞에서 이야기했듯 국방부의 지원을 받는 국내 실사격을 계획하고 있었는데, 여러 복합적인 문제들이 생기면서 사격을 하기 위해서는 다시 미국으로 건너가야 했다. 이때가 2019년 8월이다. 애초의 계획은 8월에 미국으로 건너가 사격을 진행하는 것이었다. 그러다가 국내에서 사격이 가능하다는 통지를 받고 이를 위한 준비 절차에 들어가게 됐다. 그런데 총기 배송에 대한 문제가 생기면서 국내에서의 실사격이 불투명하게 되었다.

결국 미국 실사격 계획이 수면 위로 다시 떠올랐다. 그렇다고 모험을 하기에는 너무 위험했기에 1차로 미국에서 실사격을 하고, 만약 국내 사격 가능성이 다시 열린다면 2차로 국내에서 실사격을 한다는 계획을 짰다. 원칙적으로 전쟁기념관에 기증을 한다면, 총기는 불용화 처리를 해야 한다. 그 전에 미리 데이터를 확보하고 싶었다.

우리는 안중근 장군이 왜 M1900을 선택했는지, 이 총의 성능은 어느 정도였는지를 확인하고 싶었다. 안중근 장군의 공판과 신문기록 중에 수시로 등장하는 '덤덤탄', 즉 십자가로 그은 탄환의 위력에 관해서도 확인하고 싶었다. 그러기 위해서는 실제로 사격을 해봐야 했다.

미국으로 가겠다고 결론이 난 다음부터는 실험과 촬영을 위한 준비에 들어갔다. 실험을 위해 탄환 140발을 준비했고(애국하는 마음으로 국내업체인 '풍산'의 탄을 사용했다), 탄도 실험을 위해 발리스틱 젤을 한 박스 준비했다. 덤덤탄을 만들기 위한 공구도 따로 준비했다. 문제는 사격장과 슈터shooter(사수)를 확보하는 일이었다.

총기에 관대한 미국이라지만 외국인이 마음대로 사격을 할 수 있는 곳을 찾는 것은 쉬운 일이 아니었다. 처음 우리가 확보했던 실내 사격장의 경우 외국인의 실사격이 어렵다는 의견이 나왔다. 급하게 야외 사격장을 찾아 나섰다. 빛을 충분히 확보하고 고속으로 촬영하기 위해서라도 야외 사격장이 더 좋았다. 이런저런 수소문 끝에 야외 사격장 하나를 확보했고, 그곳의 사로 한 곳을 통째로 빌렸다.

'사로 한 곳'이라고 해서 군대 사격장에서의 사로 하나를 떠올린다면 큰 오산이다. 역시나 미국은 스케일이 달랐다. 다른 사격자와의 동선이 겹치지 않도록 사격장 내에 분리된 사격 공간이 클러스터 단위로 묶여 있었다. 사로라기보다 작은 사격장 하나를 빌린 것이라 봐도 무방했다.

사격장을 구한 다음에는 슈터를 찾아야 했다. 전문 슈터로 추천받은 인물 중에서 두 명을 섭외했다. 섭외한 슈터에게는 따로 그들이 소유한(가장 손에 익은) 리볼버 권총을 가져올 것을 부탁했다. 이는 자동권총과 리볼버 가운데 어떤 것을 더 빨리 쏠 수 있는가에 대한 실험을 진행하기 위해서였다. 가급적이면 사수들이 손에 익은 리볼버를 더 빨리 쏠 수 있지 않을까라는 판단에서 구상한 실험이었다. 우리의 실험에 협력해줄 사수는 '에런'과 '테일러'였다.

이로써 실험에 대한 기본적인 준비가 다 끝났다. 남은 것은 우리가 미국으로 건너가는 일이었다.

그런데 여기서 또 문제가 생겼다. 2019년 9월 7일 출국을 앞두고 있던 차에 태풍 링링이 다가온 것이다. 미국 사정도 만만치 않았다.

허리케인 도리안 때문에 노스캐롤라이나 주에서 90만 명이 대피했다는 소식을 들었다. 우리가 도착할 곳인 그린즈버러는 노스캐롤라이나 주에 있었다. 이 뉴스를 들었을 때 상당히 긴장했는데, 그린즈버러에 연락해 보니 다행히 허리케인으로 입은 피해가 크게 없었다고 했다.

우리는 태풍 링링을 피해 날짜를 하루 뒤인 9월 8일로 미뤘다. 하지만 9월 7일 연착한 항공기 때문에 9월 8일 인천공항은 폭주 상황이 됐다. 원래 오후 5시 30분 비행기였는데, 7시 30분으로, 다시 8시로 바뀌었고, 최종적으로는 저녁 9시 30분이 넘어서야 비행기를 탈 수 있었다. 상황이 심상치 않게 돌아갔다. 애초 비행 일정은 인천에서 출발해 댈러스에 내린 다음 이 곳에서 그린즈버러로 가는 항공기를 타는 것이었는데, 도착 시간이 늦어지면서 항공기 연결편이 지연됐다.

촬영 일정은 바로 다음날부터였다. 첫날부터 꼬이기 시작한 것이다. 결국 댈러스에서 그린즈버러로 가는 비행 편 대신 샬럿을 거쳐 그린즈버러로 우회하는 연결 편을 구했다. 잘못하면 하루를 고스란히 날릴 수 있었기 때문이다. 시작부터 난관이었다.

미국 총기 전문가들이 말하는
'M1900'

그린즈버러에 도착한 다음 제일 먼저 한 일은 총기상점에서 대기 중인 M1900을 찾는 것이었다. 놀라운 사실은 이곳에서도 M1900이 흔하지 않다는 것이었다.

"이 총을 볼 수 있다는 게 놀랍다."

"내 사촌이 이 총을 보고 싶어 하는데, 잠깐 기다려 줄 수 있는가?"

"이렇게 관리가 잘된 M1900을 볼 수 있다니 영광이다."

M1900 구매 대행을 맡은 총포사에서 나온 말이다. 우리는 M1900에 대해 어떤 정보가 있는지 몇 군데 총기상점과 건스미스(총기장인)들을 만나며 의견을 청취했다. 우리가 던진 질문은 크게 세 가지였다.

첫째, 우리가 구한 M1900의 상태는 어떤가?

둘째, M1900은 어떤 총인가?

셋째, 만약 당신이 이토 히로부미를 저격할 상황이라면, M1900과 리볼버 가운데 어떤 총을 선택할 것인가?

의거 당시 안중근 장군과 그 동지들이 준비했던 총들은 자동권총인 FN사의 M1900 두 지루와 리볼버인 스미스 앤 웨슨사의 38구경 (S&W 38DA)이었다. 참고로 S&W 38DA에 요구되는 38구경 탄은 오늘날 사용하는 38구경 탄과는 다른 탄이다. 리볼버가 자동권총에 비해 장탄 수는 부족하지만, 파괴력이 더 높고 격발 타이밍도 빠르다는 의견이 있었기에 미국의 총기 전문가들에게 자동권총과 리볼버에 대한 의견을 구한 것이다.

총을 좋아한다는 공통된 관심사 덕분인지 이들은 외지인에 대한 경계심을 풀고 우리의 질문에 흔쾌히 답해줬다. 그린즈버러에는 홀스터(권총주머니)에 장탄된 권총을 넣고 다니는 사람들이 많다. 나중에는 소문을 듣고 주변에 있던 바운티 헌터들(현상금 사냥꾼)까지 몰려와 M1900에 대한 품평을 했다.

결론부터 말하자면, 첫 번째 질문부터 마지막 질문까지 거의 다 비슷한 반응을 보였다. 첫 번째 질문에 대해서는 이구동성으로 다음과 같이 답했다.

"총 상태가 상당히 좋다. 110년 된 물건이라 볼 수 없을 정도로 관리가 잘돼 있다. 총구가 약간 닳은 것은 홀스터에 넣었다 뺐다 하는 과정에서 자연스럽게 생긴 것이다. 세월의 무게를 생각하면 이 정도는 당연한 변화다. 나머지 총기의 기능적인 부분에 있어서도 상당히 관리가 잘된 편이다."

더없이 친절했던 미국 총기상점 주인과 찍은 기념사진. 왼쪽이 나, 오른쪽이 환장(강준환)이다.

우리가 보는 앞에서 직접 총기를 분해하고, 총열 상태를 확인하기까지 했다. 나중에 사격이 끝난 뒤 직접 오일을 발라줄 정도의 친절을 보여줬다.

두 번째 질문에 대한 대답도 대동소이했다.

"존 브라우닝이 만든 총!"

"현대 자동권총의 시초!"

"슬라이드를 최초로 장착한 권총!"

이 중에서 가장 많이 언급된 단어가 '존 브라우닝'이었다. 브라우닝이란 말 한마디에 모두들 납득하는 분위기였다. "브라우닝이 만든 총이다." 이 한마디로 모든 것이 다 정리되는 느낌이었다.

마지막 질문의 경우에도 앞서와 같은 반응이었다. 모두가 리볼버와 M1900 가운데 하나를 선택해야 한다면, M1900을 선택하겠다는 반응을 보였다. 셋째 질문을 좀 더 상세하게 풀어보자면 이런 것이었다.

"안중근 장군의 의거 당시 상황은 상당히 많은 제약이 있었다. 저격할 대상의 얼굴을 알지 못했고, 러시아군에게 둘러싸여 있었으며, 하얼빈 역 자체가 소란스러웠다. 안중근 장군에게 주어진 시간도 별로 없었다. 이 모든 상황을 고려했을 때 자동권총과 리볼버 가운데 어떤 총을 선택해야 할까?"

이 질문은 사격에 참여했던 슈터 두 명과 총기상점 직원과 건스미스, 바운티 헌터 등 총과 관련한 다양한 일에 종사하는 사람들에게 공통으로 주어졌다. 그런데 돌아온 답변은 거의 비슷했다. 종합해보자면 다음과 같았다.

Q 이 상황에서 리볼버와 자동권총 가운데 어떤 것이 더 효과적일까?

A 무조건 자동권총이다. 우선 생각해봐야 할 게 장탄 수다. 탄창에 7발, 약실에 1발 총 8발이 들어간 것과 5연발의 차이는 크다. 짧은 거리에서 최대한 빨리 속사로 밀어붙여야 한다.

Q 리볼버는 파괴력이 더 크기 때문에 그만큼 상대에게 치명적이지 않은가?

A 탄 자체의 파괴력은 38구경이니 더 클 것이다. 그러나 거리를 생각해야 한다. 큰 의미는 없을 것 같다. 결정적으로 목표가 되는 상대의 얼굴을 모르지 않는가? 이 경우에는 만일의 사태에 대응하기 위해 탄을 더 많이 장전할 수 있는 자동권총이 유리하다.

Q 재장전을 할 수도 있지 않은가?

A 재장전을 생각한다면 더더욱 M1900이다. M1900의 경우 탄을 다 소모한 뒤에 탄창을 빼는 간단한 동작으로 재장전이 가능하지만, 리볼버의 경우에는 실린더를 젖히고, 탄을 빼고, 탄환을 한 발씩 재장전해야 한다.

Q 목표 지점에 최대한 빨리 총알을 발사해야 한다면?

A 인터넷에서는 리볼버의 연사 속도가 약간 더 빠르지 않느냐는 이야기가 나오는데, 직접 당겨보면 안다. 방아쇠가 무겁다(슈터는 자신의 리볼버를 건네며 직접 당겨 보라고 했다. 방아쇠 압력이 무거웠다). 게다가 옷 안에서 꺼냈다고 하지 않았나? M1900에는 해머가 없다. 이건 품에서 꺼낼 때 옷에 걸릴 부

분이 없다는 의미다. 리볼버는 걸릴 부분이 많다.

Q 돌발 상황이 벌어질 수도 있지 않은가? 잼jam(급탄 불량) 같은 상황이 벌어진다면 어떻게 해야 하는가? 리볼버의 경우에는 차탄으로 넘길 수 있지 않은가?

A 슬라이드를 당겨서 탄을 뺄 수 있다. 목숨을 걸고 거사를 준비할 정도라면, 총에 관련해서 준비를 잘 해놨을 것이다. 리볼버의 경우에 잼에 강한 건 사실이다. 실린더를 돌리면 되지만, 이런 상황에서 나라면 한 발이라도 더 많이 장전할 수 있는 총을 선택할 것이다.

Q 파괴력 부분은 어떤가? 상대에게 더 치명적인 탄을 쏘는 게 낫지 않겠나?

A 거리를 생각한다면, 32구경이나 38구경이나 큰 의미는 없을 것 같다. 오히려 사격의 정확도를 생각한다면, 반동이 상대적으로 덜한 32구경이 더 유효하지 않을까란 생각을 해 본다. 위력이 상대적으로 덜하더라도 더 빨리, 더 많이 쏟아붓는 게 효과적이지 않을까?

총의 나라 미국에서 총을 전문적으로 만진 이들은 이구동성으로 M1900을 선택했다. 이제는 실제로 쏘아보는 일만 남았다.

M1900의 의문을 푸는
세 가지 실험

처음에 국내 사격을 생각했을 때는 역사적인 고증의 일환으로 하얼빈 의거 당시 상황을 그대로 재현하는 것을 목표로 했으나, 미국에서는 여건상 대표적인 세 가지 실험만 하기로 결론을 내렸다. 그 실험 내용은 다음과 같았다.

① **한 손 사격과 양손 사격의 정확도 측정.** 안중근 장군은 의거 당시 한 손 사격을 했다. 현대 권총 사격법은 양손 사격이 기본이다. 이 두 가지 사격을 비교해 한 손 사격이 더 정확한지, 양손 사격이 더 정확한지 확인해보기로 했다.

② **M1900 자동권총과 리볼버 권총의 연사 속도 측정.** 안중근 장군이 리볼버 대신 M1900을 선택한 정확한 이유를 확인하기 위한 실

험이다. 하얼빈 의거에 쓰인 자동권총은 당시 새로운 형태의 권총이었다. 짧은 시간 안에 탄환을 최대한 많이 쏘아붙여야 하는 상황에서 어떤 총을 쓰는 것이 더 현명한지 알아보고자 했다.

③**덤덤탄의 파괴력 측정.** 일제가 안중근 장군에게 집요하게 캐물은 것이 십자 모양으로 홈을 낸 탄의 출처와 사용 목적이었다. 그들은 안중근이 덤덤탄을 사용함으로써 이토 히로부미에게 불필요한 고통을 줬다며 집요하게 추궁했다. 이에 대해 안중근 장군은 이미 십자가가 그어져 있는 형태의 탄을 구했을 뿐이라는 답변을 하며 소신을 굽히지 않았다.

북한 영화인 〈안중근 이등박문을 쏘다〉를 보면, 안중근 장군이 줄칼을 가지고 직접 총탄에 십자가를 새기는 장면이 나온다. 과연 사람의 힘으로 총알에 십자가를 새길 수 있는지도 직접 확인해보기로 했다.

우리의 실험에 참가하는 에런과 테일러는 10여 년이 넘는 경력을 지닌 전문적인 슈터다. 특히 에런은 전형적인 미국인 슈터다운 거대한 풍채를 지닌 사나이였다. 악수를 하면 손이 빨려 들어가는 느낌이었다. 본격적인 실험에 앞서 우선 '테스트 사격'을 진행하기로 하고 슈터 A와 슈터 B로 나눠서 각자 7발씩 사격을 한 뒤 총에 대한 느낌과 조작성을 확인하고 의견을 취합하기로 했다. 분위기도 풀 겸 100원짜리 동전을 던져 누가 먼저 쏠 것인지를 결정하기로 했다. 숫자 '100'이 나온 에런이 슈터 A가 돼 먼저 사격을 하게 됐다.

사격장 안전 관리를 위해서 내가 직접 사격장을 통제했다. 사수 옆에 붙어서 '레디 샷ready shoot – 홀드 포지션hold position – 파이어fire

-파이어암즈 세이프티 인스펙션firearms safety inspection'을 하루 종일 외쳤다. 사격장에 설치된 카메라만 여덟 대가 넘었기 때문에 이를 보조하는 스태프들의 안전을 보장해야 했고 최대한 조심스럽게 사격을 진행했다.

첫 번째 테스트 사격에서는 최대한 연사 속도를 빠르게 진행했다. 에런과 테일러 둘 다 위버 스탠스 그리고 강성 이등변 자세를 취하고 양손으로 총을 감싸 쥔 채 사격을 했다. 위버 스탠스와 강성 이등변 자세는 다리를 약간 벌린 상태에서 두 팔을 활용해 총의 반동을 효과적으로 흡수하는 현대적인 사격 자세다. 중요한 사실은 두 사람 모두 빠르게 총을 발사했음에도 거의 반동이 느껴지지 않을 정도로 안정되게 총의 반동을 흡수했다는 것이다.

안 되는 영어로 몇 마디 던져봤다.

"How does it, feel so shoot(총을 쏜 느낌이 어떠한가)?"

에런과 테일러의 반응은 비슷했다.

"반동 제어가 용이하다. 32구경이라 예상은 했지만 반동 제어가 어렵지 않았다."

"좋은 총이다. 제어하기가 편했다."

1~2초 사이에 7발을 다 쏟아부었음에도 큰 무리 없이 총을 제어할 수 있었다. 명중률 역시 과히 나쁘진 않았다. 안중근 장군과 이토 히로부미 사이의 거리인 7미터를 기준으로 봤을 때, 두 명 다 7발을 표적지 안에 쏘아 넣는 데 성공했다. 한가운데인 10점 표적지에도 1~2발을 쏘아 넣었는데, 에런의 경우 약간 좌탄이 났고, 테일러의 경우 오른쪽으로 탄이 몰렸다.

두 번째 테스트 사격에서는 천천히 쏘는 완사로 정확도를 측정해 봤다. 3초 내외로 각각 7발씩 발사했는데, 이 역시도 흥미로웠다. 급작사격 때와 달리 두 사람 모두 10점 구역에 탄을 몰아넣으며 꽤 정밀한 탄착군을 만들었다. 테스트 사격이 끝난 뒤 본격적인 실험 사격에 들어갔다.

① 한 손 사격과 양손 사격의 정확도 측정

첫 번째 실험은 안중근 장군의 한 손 사격 자세가 과연 올바른 선택이었는지 확인하기 위한 것이었다. 머릿속에서는 이미 그 결과를 예측하고 있었지만, 직접 눈으로 확인해보고 싶다는 마음에 진행된 실험이었다. 사실 양손 사격법이 나온 지는 얼마 안 됐다. 서부영화에서 양손으로 권총을 잡는 경우를 본 적이 있는가? 양손 사격법은 현대에 들어 사용하게 된 대구경 권총의 반동을 제어하기 위해서 혹은 현대적인 교전 상황에서 다수의 적과 상대할 때 조준점을 계속 변화시켜야 하는 필요성이 대두되면서 등장한 것이다.

이러한 설명을 듣고 있으면 한 손 사격에서 좀 더 발전한 형태가 양손 사격인 것처럼 보인다. 그렇다면 한 손 사격의 명중률은 더 떨어지는 것일까? 앞에서도 언급했지만, 올림픽에 나가는 사격선수들의 자세를 한 번 떠올려 보자. 정확도를 겨루는 권총 사격선수들의 경우 한 손으로 사격을 한다. 총의 무게나 반동을 감당할 수 있다면, 한 손 사격은 양손 사격보다 장점이 더 많다. 일단 총에 손이 닿는 면적이 많으면 많을수록 총이 흔들릴 수밖에 없다. 양손은 한 손보다 더 많은 면적이 닿는다.

사격 자세 유지에 있어서도 한 손이 양손보다 유리하다. 양손에 비해 한 손이 단순한 자세이기에 사수는 자신의 몸이 익힌 자세를 보다 빠르고 편하게 취할 수 있게 된다. 조준선이 멀어지면서 정확도를 더욱 높이는 효과도 얻을 수 있다. 한 발 한 발의 명중률을 가리는 사격 경기에서 선수들이 한 손 사격을 하는 이유가 여기에 있다.

실험 방식은 간단했다. 각자 양손 사격 7발, 한 손 사격 7발 도합 14발씩 발사해 그 명중률을 확인하는 것이었다. 에런과 테일러에게 7발씩 장전된 탄창이 2개씩 전달됐다. 사격 전에 이들에게 어떤 자세가 더 명중률이 높을 것이라 예상하는지 물었다. 두 사람 모두 양손 사격이 우위일 것이라 말했다.

"한 손 사격의 정확도에 대해서는 인정하는 부분이 있다. 그러나 이건 사격용 권총이 아니라 일반적으로 사용되는 권총이다. 게다가 급작사격이다. 올림픽 때는 한 발 한 발씩 끊어서 쏘지만, 이번 실험의 조건은 7발을 급작사격으로 쏘는 게 아닌가? 속사로 밀어붙인다면, 한 손보다는 양손이 더 정확도가 올라갈 것이라는 판단이다."

한 발씩 정조준해서 쏘는 것이 아니라, 최대한 빨리 쏘는 것이 이 실험의 중요한 조건이었다. 만약 한 발씩 정조준해서 쐈다면 결과는 달리 나올 수도 있었을 것이다. 사격장에서 내가 가장 많이 외친 단어 가운데 하나가 '패스트fast'였다. 안중근 장군이 이토 히로부미에게 쏜 처음의 네 발은 최대한 빨리 쏘아 붙인 것이었기에 이러한 조건을 내건 것이다.

그렇게 각자 2개의 탄창을 가지고 한 번은 양손 사격, 한 번은 한 손 사격으로 발사를 끝냈다. 그 결과는 놀라웠다.

양손 사격보다 한 손 사격 때 명중률이 더 높았다. 주목할 점은 심장이나 주요 부위에 명중한 탄의 숫자였다. 양손 사격이나 한 손 사격이나 산발이 나서 표적지 중심에서 벗어난 탄이 몇 발 있었지만, 심장이나 주요 장기가 있는 곳에 명중한 탄은 한 손 사격 쪽이 더 많았다.

총을 쏜 에런과 테일러도 놀랍다는 반응이었다. 한 손 사격의 정확도는 한 발씩 끊어 쐈을 때 올라가는 것이라 생각했는데, 급작사격에서도 한 손 사격의 정확도가 양손 사격보다 더 높다는 결과가 나오자 각자의 소회를 밝혔다.

"놀랍다. 급작사격임에도 불구하고 한 손 사격의 명중률이 더 높을 것이라고는 예상하지 못했다. 아무래도 32구경이기에 반동이 상대적으로 덜하기 때문인 것 같다."

곧바로 탄착군에 관한 이야기가 이어졌다. 에런과 테일러 모두 한 손 사격 표적지에는 정중앙에 명중한 흔적이 똑같이 있었다.

"정중앙과 그 옆에 박혀 있는 탄은 초탄과 제2탄이 들어간 것 같다. 이후의 경우에는 탄착군이 흐트러진 거 같지만, 초반 3~4발까지는 정중앙에 모여 있다. 급작사격을 하면서 사격 폼이 서서히 무너진 거 같지만, 최소한 3~4발까지는 조준선을 유지한 것 같다."

32구경 탄은 사격선수들도 사용하는 탄이다. 반동을 충분히 받을 수 있는 탄이었다. 안중근 장군은 어쩌면 여분의 탄창 따위는 필요 없다고 생각한 것인지도 모른다. 재장전은 신경 쓰지 않고, 장전된 8발만으로 거사를 치러야겠다고 생각했을 수 있다. 주변의 러시아 병사들도 무시한 채, 오로지 자신과 표적인 이토 히로부미만 생각하고, 호흡을 멈추고, 조준하고, 격발하는 사격의 가장 기본적인 요소에만 집

안중근, 사라진 총의 비밀

중했던 것이 아닐까?

한 손 사격은 올림픽 사격선수들이 보여주는 것처럼 오로지 사격에만 집중한 형태의 자세다. 현대의 양손 사격 자세 중에서도 대중적으로 잘 알려진 위버 스탠스 같은 경우에는 다수의 목표를 제압하기 위해, 즉 재빨리 조준선을 움직이고 저격하기에 용이한 자세다. 안중근 장군은 자신을 버리고 오로지 하나의 목표를 제거하기 위해 한 손으로 사격을 했던 것이다. 어렴풋하게나마 안중근 장군의 생각을 좇아갈 수 있는 순간이었다.

② M1900 자동권총과 리볼버 권총의 연사 속도 측정

두 번째 실험은 M1900과 리볼버의 연사 속도를 비교하는 것이었다. 다시 말하지만 안중근 장군의 의거 당시 자동권총은 새로운 형태의 권총이었다. 이때까지 '권총'이라 하면 '육혈포'라 불리는 리볼버가 대표적이었다. 안중근 장군이 이토 히로부미를 저격했다는 소식이 전해졌을 때 한국인들은 당연히 사용된 권총이 육혈포일 것이라 생각했다. 〈육혈포로 이등박문을 쏘다〉라는 노래까지 만들어졌고, 이후에 만들어진 연극, 소설, 영화 등의 창작 작품에서도 육혈포란 말이 종종 등장했다. 지금도 인터넷을 검색해보면 안중근 장군이 '육혈포'로 이토 히로부미를 쐈다는 기사나 기록들을 심심찮게 확인할 수 있다.

분명한 사실은 이 당시 의거에 사용됐던 총은 M1900 자동권총이었고, 당시 일제에 의해 체포된 후 출소한 조도선曹道先 열사가 가지고 있었던 리볼버도 6발짜리가 아니라 5발짜리였다는 것이다(조도선 열사가 가지고 있었던 S&W 38DA는 M1900보다 구하기가 더 어려운 총이었다. 탄 자체가 흔하지 않기에 총을 구한다 하더라도 실험에 사용하기는 어려웠을 것이다). 그럼에도 당시 상식으로 통용되던 6연발 리볼버에 대한 지식 때문에 안중근 장군이 리볼버를 가지고 의거를 행했다고 여기는 것이 상식이 됐다.

이 대목에서 우리는 리볼버와 자동권총의 성능에 어떤 차이가 있는지 살펴봤다. 탄환의 파괴력에 있어서는 당시 조도선 열사가 가지고 있던 리볼버가 높았지만, 장탄 수에 있어서는 압도적으로 M1900이 높았다. 재장전에 있어서는 비교불가 수준으로 M1900이 빨랐다. 리볼버로 장탄을 하기 위해서는 사용한 탄을 실린더에서 빼고, 다시 장전을 해야 한다. 이런 번거로움을 피하기 위해 스피드 로더나 문 클립 등의 장치가 개발됐지만, 이미 발사한 탄피를 빼내야 하는 일은 리볼버를 쓰는 한 피할 수 없다. 이제 남은 일은 두 총의 연사 속도의 차이를 알아보는 것뿐이었다.

미국 총기 사용자들의 의견은 양쪽으로 갈렸다. 리볼버가 약간 더 빠르다는 의견이 우세했지만, 이 의견에 동의하지 않는 이들도 있었다. 결국 실험으로 증명하는 수밖에 없었다. 안중근 장군이 리볼버 대신 자동권총을 선택한 데는 분명한 이유가 있었을 것이다. 넉넉한 장탄 수와 빠른 재장전, 상대적으로 반동이 적은 32구경 탄도 M1900의 장점이지만 또 다른 매력적인 요소가 있었을 것이다. 나는 그것이 '연사 속도'일 것이라 생각했다.

에런과 테일러는 각자 자신이 실제로 사용하고 있는 리볼버를 가져왔다. 아무래도 손에 익은 총이 연사 속도 측정에 도움이 될 것 같

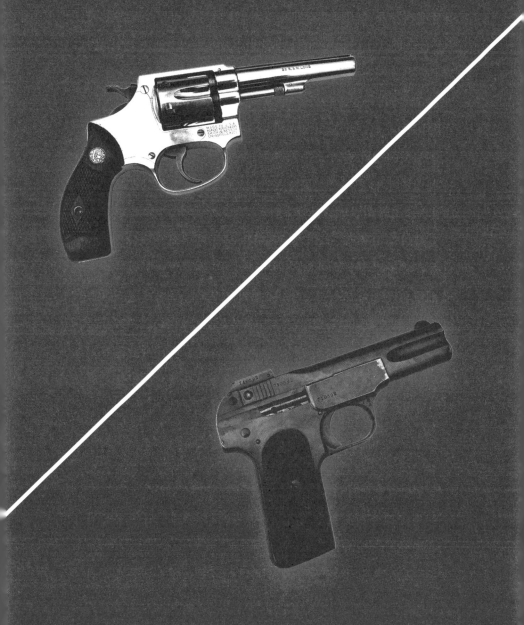

실험에 사용된 리볼버 S&W 스프링필드(위)와 자동권총 M1900(아래).

아서 우리는 두 슈터에게 각자의 리볼버를 가져올 것을 부탁했다. 에런은 357 매그넘 탄을 사용하는 6연발 리볼버를 가져왔고, 테일러는 32구경 탄을 사용하는 6연발 리볼버를 가져왔다.

두 슈터에게 똑같은 주문을 넣었다.

"M1900과 리볼버 둘 다 발사할 때 최대한 빨리 사격해 달라."

결론은 두 명의 슈터 모두 M1900의 연사 속도가 더 빨랐다는 것이다. 리볼버가 6발이 발사되는 동안 M1900은 7발이 발사됐다. 이에 대한 사수들의 의견은 간단했다.

"리볼버의 경우에는 해머가 움직이는 시간, 방아쇠 압력이 무거운 것 등을 생각해봐야 한다. M1900은 슬라이드 왕복만으로 발사와 탄피 배출, 재장전이 가능하지만 리볼버의 경우에는 해머가 움직이고, 실린더가 회전해야 한다. 자동권총의 연사 속도가 더 빠르다."

안중근 장군은 당시 권총의 대명사였던 육혈포 대신 새로운 무기인 자동권총을 들고 의거에 나섰다. 이는 무엇보다 빠른 연사를 위해서도 탁월한 선택이었다.

③ 덤덤탄의 파괴력 측정

"덤덤탄의 위력이 크다는 건 어디서 알게 된 사실인가?"

"아주 오래전부터 그냥 아는 이야기다. 누군가에게 들었을 수도 있고, 책에서 본 것일 수도 있다."

미국에 있는 총기상점 주인과 건스미스, 슈터들에게 탄환에 십자가 홈을 내는 것이 어떤 의미인지에 대해 물어봤다. 덤덤탄은 굳이 문헌을 뒤적이지 않아도 될 정도의 '상식' 그 자체였기에 질문을 한 우리가 조금은 머쓱해지기도 했다.

안중근 장군을 신문했던 기록을 살펴보면, 일제는 집요하게 안중근 장군이 사용한 탄의 목적과 출처를 캐묻는다. 앞에서도 언급했지만, 탄환에 십자가 금을 냄으로써 머쉬룸 효과(폭발의 극대화)를 얻고 이를 통해 이토 히로부미를 더욱 잔인하게 척살하려 했던 것이 아니냐는 질문이었다.

이에 대한 해답은 이토 히로부미 옆에 있다가 같이 피격당한 다나카 세이지로의 몸에서 나온 탄두에서 찾을 수 있다. 바로 "탄환의 파괴력이 약해서 머쉬룸 효과를 얻기 어려웠다"는 것이다. 일본 헌정기념관에 전시돼 있는 적출 탄환은 특별히 쪼개진 흔적이 없이 그 형태를 고스란히 유지하고 있다. 32구경 탄 자체가 워낙 위력이 약하기 때문에 탄두가 쪼개지거나 벌어지거나 할 만한 에너지를 얻기 어려웠다는 것이다.

그럼에도 불구하고 우리는 M1900에 쓰이는 덤덤탄의 위력을 직접 확인해보고 싶었다. 확실한 실험을 위해서 우리는 발리스틱 젤라틴Ballistic Gelatin을 준비하고 덤덤탄을 제작했다. 발리스틱 젤라틴은 인체와 비슷한 밀도를 지닌 젤인데 특정한 총탄이 인체에 얼마나 큰 피해를 입히는지 실험할 때 주로 사용된다. 총기를 전문적으로 다루는 테일리가 북한 영화 〈안중근 이등박문을 쏘다〉에 나오는 것처럼 줄칼로 탄환 3발에 십자가를 그었다.

우선 십자가를 긋지 않은 일반적인 32구경 탄을 발사해 그 탄두의 진행 방향과 파괴력을 확인해봤다. 발리스틱 젤 속에 박힌 탄은 전형적인 전도현상을 보이면서 움직였다. '전도현상'이란 앞쪽이 뾰족하고 뒤쪽이 굵은 탄환이 인체에 박히면서 앞뒤가 뒤집히며 요동치는 현상이다. 발리스틱 젤을 칼로 발라서 탄두를 꺼내보니 아직도 그 열기가 남아 있었다.

뒤이어 직접 십자가 홈을 낸 덤덤탄 3발을 발사해보았다. 결과는 우리의 예상대로였다. 앞서 발사했던 십자가를 긋지 않은 탄과 동일한 모습을 보여줬다. 진행방향은 전형적인 전도현상의 모습 그대로였고, 탄 자체에 특별한 물리적 변화도 없었다.

이 실험 결과에 에런이 의문을 제기했다.

"십자가를 충분히 긋지 않은 것이다. 구리가 보이면 안 된다. 탄두를 감싼 구리를 넘어서 납까지는 십자가가 들어가야 머쉬룸 효과를 얻을 수 있을 것이다."

십자가를 너무 깊게 파서 탄두 형상이 뭉개지면 총열 안에서 제대로 맞물리지 않을까 걱정했지만, 테일러는 에런의 의견에 순순히 동의했다. 에런은 자신이 쏠 것이니 걱정하지 말라며, 십자가를 좀 더 깊이 파 보는 것이 좋겠다는 의견을 계속 피력했다. 우리는 이전에 쐈던 3발의 십자가를 그은 탄의 사진을 확인했다. 총알은 납으로 된 탄두 위에 구리로 코팅을 입히는 방식으로 제작된다. 사진을 확인했을 때, 탄두의 납이 조금 노출되긴 했지만 그 면적이 너무 작았기에 에런의 의견은 충분히 일리가 있었다. 회의 끝에 총열에 맞물릴 정도로만 탄두를 좀 더 깊이 갈라내기로 결론을 냈다.

결국 탄두의 납이 다 노출될 정도로 십자가 홈을 낸 한 발의 32구경 탄을 만들었다. 혹시나 하는 기대와 불안 속에서 십자가를 깊게 그은 1발을 장전해서 발사했다. 결과는 역시나 예상대로였다. 탄두는 원래 모습 그대로 전도현상을 보이며 발리스틱 젤라틴 안을 헤엄쳤고, 탄두 자체의 물리적 변화는 없었다.

에런은 담담하게 실험 결과를 인정했다. "당신들의 예상대로 32구경 탄의 위력이 예상 외로 낮았다. 110년 전 탄약의 성능이 지금의 것보다 약하다는 점을 감안하고, 당시 탄두의 재질이 지금의 것보다 훨씬 물렀을 것이란 추측을 해본다면 당시 탄환과 지금 탄환의 격차는 거의 없다고 보는 게 맞다. 이건 32구경 탄환의 한계라고 볼 수밖에 없다."

안중근 장군이 덤덤탄의 머쉬룸 효과를 노려서 십자가를 그은 탄환을 사용한 것인지, 아니면 신문기록에서처럼 이미 십자가가 그어져 있는 탄환을 사용한 것인지는 확실히 알 수 없지만, 32구경 탄환에 십자가를 긋는다고 해서 머쉬룸 효과를 얻을 수 없다는 것은 110년 전에도 그리고 지금도 인정할 수밖에 없는 사실이었다.

다큐멘터리 감독이 M1900을 처음 받아 들었을 때의 소감을 물어왔다. 1년 반을 고생해서 여기까지 왔는데, 그 느낌이 남다르지 않느냐는 질문이었다. 솔직한 내 심정을 말했다.

"별다른 기분을 느끼지 않는다."

총이 예쁘다는 것, 포켓 피스톨로 불릴 정도로 매우 작고 앙증맞다는 것은 만져봤을 때의 품평이었다(블루잉 자체가 예술이었다). 110년 뒤 총이라고는 생각하기 어려울 정도로 정밀하게 가공된 라인과 꼭 맞물린 총을 보면서 존 브라우닝의 천재성과 이를 구현해 낸 FN사의 기술력에 경탄했다. 내가 아닌 다른 이들이 봤더라도 당연히 그런 반응을 보였을 것이다.

주변에서는 내가 미국에 갔을 때 어떤 감정적 고양이나 폭발이 있을 것이라 예상했던 것 같다. 같이 간 환장은 총에 대해 감격한 모습이 역력했지만, 나로서는 그런 감정적 고양이 일지 않았다. 프로젝트는 아직 끝나지 않았고, 지난 1년 반 동안 시달렸던 기억밖에 남아 있지 않았다. 아마 시간이 좀 흘러 프로젝트가 끝이 났다는 것을 실감한 뒤에야 어떤 감흥이 있을 것 같았다. 감정을 느끼기엔 눈앞에 있는 상황이 너무 무겁다고 해야 할까? 그렇다고 후회나 낙심이 들었던 것은 아니다.

선택을 했으니 그 대가를 치르는 중이라고 이미 결론을 내린 상태였다. 지나온 과정들을 복기해 보니 더욱 그러했다. 처음 해보는 일이라 시행착오가 많았고, 지금 생각해보면 쉽게 갈 수 있는 길들이 있었다. 그 길을 찾지 못하고 헤매면서 힘을 낭비했던 것 같다.

"다음번에는 더 쉽게 잘할 수 있을 거야"라는 말을 듣고 있지만, 지금 심정으로써는 다시 하고픈 마음이 없다. 아마 이런 마음도 시간이 흐르면 좋은 추억으로 남을 것 같다.

안중근, 사라진 총의 비밀

10장

M1900을 찾아
일본으로 가다

일본 국가기관에서
M1900의 행방을 묻다

원초적인 궁금증이 하나 있었다. 프로젝트의 시작이 되는 의문이다.

"안중근 장군이 사용한 '총번 262336'의 M1900은 도대체 어디에 있는 것일까?"

앞에서도 이야기했듯, 안중근 장군의 재판은 법적으로 일본 사법부가 아니라 외무성 관할이었다. 안중근 장군이 재판을 받은 뤼순 지역은 일제의 식민 통치를 위한 '조차지'였기에 일본 외무성 쪽이 사법 권한을 가지고 있었다. 안중근 장군이 의거에 사용한 M1900은 중요한 증거품이기도 하지만 압수의 대상이기도 했다. 문제는 재판이 끝나고 난 뒤 압수품 M1900이 사라졌다는 것이다.

가설 가운데 가장 유력한 것은 일본 정부가 M1900을 감추고 내놓지 않고 있다는 것이다. 관동대지진 당시 M1900을 분실했고 이후 그 행방을 찾을 수 없다는 것이 지금까지의 통설이다. 그러나 이러한 통설을 부정하는 다양한 이설異說들도 등장하고 있다. 아직 일본에 M1900이 남아 있다는 가정 하에 학자들은 저마다 이 총의 행방에 내해 나름의 주장을 내놓았다. 누군가 안중근의 M1900을 사갔다는 주장에서부터 일본 헌정기념관 혹은 외무성 산하 외교사료관에 이 총이 숨겨져 있다는 주장까지 있다.

일본 헌정기념관에 M1900이 있다는 주장의 핵심은 간단하다. "안중근 장군이 하얼빈 의거에 사용한 탄환이 일본 헌정기념관에 전시돼 있다. 총이 아직 남아 있다면 이곳에 보관돼 있을 확률이 높다. 헌정기념관 수장고에 있을 것이다."

헌정기념관과 같은 선상에서 논의되는 곳이 외무성 외교사료관이다. 일본 외무성의 기록들이 보관돼 있는 곳인데, 보통 30년 주기로 시간이 지나면 일본의 외교 사료들이 공개되고 있다. 우리나라 역사 연구자들이 근현대 일제 식민통치 시기의 역사 연구를 위해서 이곳 자료들을 활용하는 경우가 많다(외교사료관의 자료 목록이 국내에도 있다).

일본 외무성의 기록 보관과 이의 전략적 활용에 대해서는 높이 평가할 지점이 있다. 일본의 다른 부처들보다 한발 앞서 외무성은 1971년 외교사료관을 만들었다. 대외적인 이유는 행정문서 보관을 위해서라고 하는데, 외무성이라는 독특한 위치를 생각해본다면 이들이 지닌 자료들이 단순히 행정문서라고만은 할 수 없다. 태평양전쟁 발발 전에 생성된 기록만 4만 권이 넘어가고, 메이지 유신 이전 즉 에도 막부 말기에 맺은 외교조약문서들까지 다 확인할 수 있어서 그 역사적 가치가 높다. 역사책에서만 봤던 일본과 미국의 미일수호 통상조약 문서와 조선과 맺은 강화도조약 문서를 이곳에서 확인하고 전율했던 기억이 난다. 맥아더 앞에서 사인한 일본의 항복문서도 이곳에 전시돼 있다.

외교사료관에 안중근의 M1900이 있다고 주장하는 이들의 근거는 이러하다. "이 당시 안중근 장군의 재판을 관할한 기관은 외무성이다. 압수품 역시 외무성으로 넘어갔을 것이다." 외무성의 문서를 관리하고 보관하는 곳이 외교사료관이니 당연히 총도 여기에 있을 것이라는 주장이다.

프로젝트를 진행하면서 일본에 있던 안중근의 M1900의 행방에 대한 의문은 꼬리에 꼬리를 문 채 이어졌다. 중개인을 통해서 일본의 에어소프트건(공기의 압력을 이용해 비교적 연질의 탄환을 발사하는 총) 제작 상황을 알아봤을 때부터 '일본에서는 M1900이 흉총으로 분류돼 암묵적으로 만들지 않는다'라는 인식이 있었다. 그래서 '총번 262336'이 새겨진 M1900 역시도 일본 정부가 감추고 있는 것이라 생각했다. 이 생각이 맞는지 확인을 해야겠다고 결심했다.

일본행은 그렇게 결정이 됐다.

① 헌정기념관: '오자키 유키오'의 공간

우리가 탐색하기로 한 곳은 총탄이 전시돼 있는 헌정기념관, 법무 사료전시실, 외교사료관이었다. 여기에 더해 일본 내의 총기상점, 그리고 메이지 유신 시절인 1895년부터 문을 열었던 일본의 전통적인 총포사를 찾아보기로 했다.

거창한 취재 목적 등을 내세우고 싶지는 않았다. 단지 우리가 바라는 바는 총의 행방을 위한 '실마리'라도 찾는 것과 M1900에 대한 수소문이라도 들어보는 정도였다.

첫 번째 목표는 헌정기념관이었다. 헌정기념관에 들어서는 순간 들었던 느낌은 '이곳에 총은 없다'는 것이었다. 물론 '총알'은 있다. 그러나 이곳의 설립 목적을 확인하고 입구에 들어서자 모든 것이 확실해졌다. 헌정기념관은 오자키 유키오尾崎行雄를 기념하기 위해 만들어졌다. 입구에서 낯선 동상 하나가 방문객들을 맞이했다.

오자키 유키오는 일본 내에서 '헌정의 신', '의회 정치의 아버지', '일본 자유주의의 아버지'라 불리는 인물이다. 중의원 의원으로 25선, 60년 7개월 동안이나 활약했고 1920년대부터 꾸준히 정부를 비판하고 군국주의로 변해가는 일본 사회에 경고를 던졌다. 그는 청일전쟁 때는 전쟁 불사를 외치던 강경파였지만, 제1차 세계대전이 끝난 직후부터는 평화주의로 신념을 바꿨는지 죽을 때까지 전쟁 반대를 외쳤다. 그는 일생 동안 군국주의에 반대하는 정치적 활동을 여지없이 보여줬는데, 여성참정권 운동을 벌인 것은 물론이고 한국의 '국가보안법'의 모태가 된 치안유지법을 저지하는 운동을 펼쳤으며, 태평양 전쟁 막전막후에는 덴노를 비판해 불경죄로 기소되기까지 했다.

헌정기념관이 있는 곳은 원래 일본 메이지 유신의 시발점이 된 사쿠라다몬 밖의 사변을 겪은 피해자 이이 나오스케가 살던 집터였다. 이후 일본 참모본부와 육군성이 자리 잡고 있다가 1960년 오자키 유키오 기념관이 세워졌고, 1970년 일본 의회 개설 80주년을 맞이해 헌정기념관으로 바꾸는 것이 결정되면서 대대적인 개축과 재설계를

오자키 유키오 기념관(현 헌정기념관)
완성을 기리는 엽서. 1960년.

통해 1972년 3월에 개관됐다.

입구의 동상을 지나 헌정기념관 안쪽으로 들어가면 이곳의 성격을 단번에 보여주는 곳이 있다. 바로 '오자키 메모리얼 홀'이다. 헌정의 아버지 오자키 유키오를 기념하기 위한 자료들이 가지런히 정리돼 있다. 일본 의회 회의장이 재현돼 있고, 오자키 유키오에 관한 영상이 계속해서 틀어져 있다.

오자키 유키오의 발언과 행적을 보면, 이곳에 M1900이 있을 리가 없다는 생각이 든다.

"1당이 되면 뭘 합니까? (중략) 사쓰마, 조슈가 아니면 정권 근처에 도 못 가는 게 현실입니다."

사쓰마, 조슈 출신의 이른바 '번벌 세력'이 장악하고 있던 일본의 정치 현실을 개탄하며 국회에서 이런 연설을 했던 인물이 오자키 유키오였다. 헌정기념관은 바로 그를 기리는 공간이었다. 물론 그 전에 이토 히로부미가 일본제국 헌법을 만들었고, 근대 일본 내각의 형태를 만든 것은 사실이다. 그렇기에 그의 이름이 일본 헌정사에 기록되는 것은 당연한 일일 것이다. 그러나 헌정기념관에서 이토 히로부미의 행적을 기록한 것은 딱 거기까지였다. 헌정기념관의 주인공은 오자키 유키오였다.

헌정기념관 관계자들에게 이토 히로부미와 총기에 관한 질문을 던졌다.

"이토 히로부미는 안다. 이토 히로부미의 자료는 전시실에 있는 게다."

"총에 대해서는 알지 못한다."

그들은 왜 권총의 행방을 여기서 묻는지 상당히 의아해하는 모습을 보였다. 감추거나 숨기고 있다는 인상이 아니라, 정말로 모르고 있다는 느낌이었다. 물론 수장고에 몰래 숨겨 놓았을 수도 있다. 그러나 내가 보기에 헌정기념관은 총을 감출 만한 장소는 아니었다. 기념관이 가지고 있는 의미가 다르고, 주인공이 다르며, 시설 자체가 뭔가를 숨길 수 있는 공간으로 보이지는 않았다.

② 법무 사료전시실: 국가중요문화재

헌정기념관 다음으로 찾아간 곳이 법무성 산하의 법무 사료전시실이다. '법무성이 증거 자료를 압수하고, M1900을 숨겨 놓았을 수도 있다'라는 가설을 확인하기 위해서였다. 그러나 실제로 법무 사료전시실을 찾아가 건물을 보는 순간 이런 탄식이 흘러나왔다.

"여기에도 총이 없겠군."

법무성 구 본관 건물인 아카렌가동法務省은 적색 벽돌로 만들어진 고색창연한 건물이다. 메이지 유신 시절에 만들어진 이 건물은 일본의 국가중요문화재이기도 하다. 다른 관청과 다르게 입구 쪽에 포토라인이 있어서 사진 촬영을 허가한 것도 건물 자체가 지닌 문화적 의미 때문이다. 실제로 우리가 방문했을 때도 몇몇 사진작가들이 촬영을 하고 있었다.

법무 사료전시실 내부는 예상대로였다. 전시실 입구부터 등장하는 것은 일본 형법체계의 발전 과정이었다. 일본 사법체계가 근대화를 거치며 정비되는 과정들이 잘 나타나 있었다. 그리고 전시실의 상당부분은 아카렌가동 건물에 관한 내용이었다. 일본 근대 건축물 중에서 아카렌가동이 차지하는 비중이 상당해 보였다.

　이번에도 담당자에게 단도직입적으로 물어봤다. 이토 히로부미의 흔적에 관한 것이었다.

　"이토 히로부미에 대해 아는가?"

　이 질문에는 사실 많은 의도가 내포되어 있다. 놀라웠던 사실은 이토 히로부미에 대해 잘 모르는 일본인들이 꽤 많았다는 것이다. 한국에서 흥선대원군의 이름은 알지만, 그가 어떤 인물이고 무엇을 했는지에 대해서는 모르는 사람들이 많은 것처럼 말이다. 이토 히로부미의 이름은 들어봤어도 그가 누구인지에 대해서는 쉽게 답을 하지 못하는 이들을 여럿 만날 수 있었다. 나쓰메 소세키夏目漱石에게 1,000엔 지폐 도안에 들어가는 인물 자리를 빼앗기면서 그 존재감이 더 흐릿해진 것 같았다.

　이토 히로부미에 대해 문의를 하자 법무 사료전시실 담당자는 즉시 알아들었다. 사료전시실에 있는 자료에 대해 설명하고, 이토 히로부미의 자료는 이곳 전시실에 있는 것이 전부라고 친절하게 응대해 줬다(일본 취재 기간 동안 일본 정부기관이나 연구기관 사람들이 적대적인 모습을 보인 적은 없었다. 오히려 '과잉 친절'이라고 해야 할까? 이러한 태도는 민간인들에 대한 취재에서도 쉽게 접할 수 있었다).

　솔직하게 질문의 의도와 목적에 대해 설명했다. 이토 히로부미의 자료를 찾는 것은 이토 히로부미를 죽이는 데 쓰인 권총을 찾기 위함이라고 밝혔다. 잠시 곤혹스러워하던 담당자는 무언가 고민하는 듯한 기색을 보이더니 알아보겠다고 했다. 우리는 질의응답이 끝난 것인 줄로 알고 인사를 하고 법무 사료전시실을 좀 둘러보는데, 그 사이에 담당자는 이곳저곳에 연락을 취하고 컴퓨터로 검색을 했던 모양이다. 그는 황급히 우리를 찾았다.

"이토 히로부미의 자료를 찾으려면, 국회도서관을 찾는 것이 빠를 거 같습니다. 국회도서관 담당자를 알아봤는데, 문서 자료는 그곳에 있다고 합니다. 그리고 찾는 물건의 경우에는, 야마구치현에 이토 히로부미 박물관이 있는데……."

이미 알고 있는 내용이었지만, 이 담당자는 최선을 다해 이토 히로부미에 관한 정보를 찾아서 알려줬다. 감사했다. 법무 사료전시실에 총이 있을 것 같지는 않았다. 일본의 국가중요문화재인 이곳에 뭔가를 감추어놨을 것이라는 생각이 들지 않았다.

③ 외교사료관: 문서 자료 보관소

법무 사료전시실을 나와서 찾아간 곳이 일본 외무성 산하 외교사료관이었다. 일본의 중앙 관청가인 가스미가세키霞ヶ関 지역에는 일본 국회부터 시작해서 공공기관들이 다 모여 있기에 찾아다니는 것이 그리 어렵지 않았다.

외교사료관은 헌정기념관과 함께 M1900이 있을 가장 유력한 장소로 지목되는 곳이다. 국내의 역사 연구자들에게도 외교사료관은 낯설지 않다. 근현대사나 일제 치하의 식민지 시대 연구를 위해서는 이곳의 자료가 반드시 필요하다. 일반인들에게도 지금까지 회자되거나 전해져 내려오는 식민지 시대의 정보가 이곳의 기록을 통해 확인되는 경우도 종종 있었다. 그만큼 상당히 내밀하고 중요한 자료들이 외교사료관에 보관되어 있다.

그러나 대외적으로 외교사료관은 문서를 공개하는 곳이지 '물건(유물)'을 공개하는 곳은 아니다. 역사적 가치가 있는 문헌들이나 외교문서들을 찾는 기쁨은 있지만, 뚜렷한 증거품을 확보하거나 눈으로 직접 확인해보기는 어렵다는 뜻이다.

외교사료관에 과연 총이 있을까? 외관상 분위기나 그동안 외교사료관의 활동 내역을 살펴보면, 이곳은 문헌 기록이나 자료들이 있는 곳이지 압수품을 보관하는 곳이라 보기 어려웠다. 지극히 주관적인 판단이자 분위기로만 파악한 감상임을 전제하자면, 이곳에도 M1900은 없는 것 같았다. 수장고나 비밀 창고에 총을 감춰뒀을 상황도 상상해봤지만, 내 빈약한 상상력으로는 거기까지 그림이 그려지지 않았다. 담당자에게도 문의해봤지만, 얻을 수 있는 수확은 아무것도 없었다.

법적 구속력도 없는 지극히 평범한 민간인의 자격으로 안중근의 총을 찾는 일은 분명 한계가 있을 것이라 예상했다. 그런데 공인이나 사인의 자격을 떠나 일본 현지의 평범한 사람들에게서 받은 인상은, 그들 역시 총은 고사하고 이토 히로부미에 대한 인식도 희미하다는 것이었다. 사실 이러한 상황은 한국도 마찬가지일 것이다. 안중근과 안창호를 헷갈려 하는 경우도 있지 않은가? 교과서에서 언급되는 그나마 중요한 역사적 인물에 대해서는 대강의 이미지나 이름이라도 떠올리지만, 교과서에서도 스치듯 지나가거나 시험에 나오지 않는 역사적 인물에 대해서는 무관심하고 거의 기억하지 못한다. 일본에서 느낀 이토 히로부미의 위상도 그와 비슷했다.

안중근, 사라진 총의 비밀

아키하바라 총포사에서
발견한 단서

일본에서 몇 군데 총기상점을 돌아다녔다. BB탄이 나가는 에어건 판매업체뿐만 아니라 엽총을 판매하는 총포사도 찾아 인터뷰를 시도했다. 한때 일본 에어소프트건 세계를 평정했던 웨스턴 암즈의 매장을 비롯해 몇 군데 대형 총기상점과 총기 생산 업체들, 그리고 일본 총기 잡지인 《ARMS MAGAZINE》과도 접촉해 의견을 구했지만, 주목할 만한 성과는 없었다. 총기상점에서는 M1900 자체를 모르는 경우도 있었디.

이 중 가장 눈여겨볼 만한 곳이 아키하바라에 있는 총포사였다. 메이지 28년인 1895년에 설립된 총포사였다. 사람 좋아 보이는 미소를 띤 총포사 사장님은 우리의 인터뷰 요청을 흔쾌히 수락했다.

"M1900이란 총을 아십니까?"

이 질문에 총포사 사장님은 고개를 갸웃하며 대답했다.

"존 브라우닝 상이 만든 총을 말하는 건가요?"

이때의 감동은 필설로 다 설명할 수 없었다. 일본에 와서 처음으로 들은 '제대로 된 답변'이었다. 총포사 주인은 M1900에 대한 개략적인 설명을 해줬다. 그리고 무슨 생각이 났는지 엽총이 전시돼 있는 진열장을 열어 낡은 카탈로그 하나를 꺼내서 보여줬다. 푸른색 잉크로 인쇄된 카탈로그에는 M1900의 다음 모델인 M1910이 있었다.

"쇼와 시절과는 달리 메이지 시절에는 총을 구하기가 쉬웠다"는 친절한 부연설명과 함께 호신용으로 총을 들고 다닌 사례도 소개했다. 우리는 용기를 내어 다시 한 번 M1900이 어떤 총인지 아느냐고 질문을 던졌다. 그리고 이토 히로부미라는 이름이 언급되자마자 바로 "안중근"이란 이름이 총포사 사장님의 입에서 나왔다. 놀라움의 연속이었다.

총포사 사장님은 M1900이 어떻게 사용됐는지 알고 있었다. 우리는 한국에서 일본으로 건너온 목적을 설명했다. 안중근이 사용한 M1900의 흔적이라도 찾기 위해서 왔다고, 모델건이라도 있다면 확인해보고 싶어 이곳까지 왔다고 말했다. 하지만 아무리 뒤져봐도 총은커녕 모델건도 발견할 수 없었다고 하자 총포사 사장님은 놀라움을 감추지 못했다.

그리고 그는 실총 M1900의 행방에 대해 조심스럽게 의견을 제시했다.

"쓰치우라에 있지 않을까요?"

쓰치우라土浦라는 말에 순간 탄성이 나왔다. 대화가 오가는 동안 짧은 행간 속에서 총포사 사장님은 M1900이 육상자위대 무기학교가 위치한 쓰치우라시에 있을 것이라 추측한 것이다.

"만약 일본 정부가 의도적으로 이 총을 감췄다면, '쓰치우라 자위대'로 유명했던 바로 그곳이 유력한 후보가 되지 않을까 생각합니다."

총포사 사장님은 '자위대'라는 말을 덧붙여서 다시 쓰치우라를 언급했다. 고개를 끄덕일 수밖에 없었다. 만약에 일본 정부가 M1900을 숨길 수 있다면, 이곳이 가장 적합하다. 태평양 전쟁 당시부터 쓰치우라와 그 주변 지역은 일본 군사력의 핵심이었다. 일본이 제국이었던 시절에는 가스미가우라 해군 비행장과 비행학교가 있었지만, 현재는 육상자위대 무기학교가 있다.

이때 내 눈에 총포상 간판에 달린 'since 1895'란 글자가 보였다. 무언가 내 머리를 스쳐지나간 것이 있었다. 사장님에게 질문을 던졌다.

"일본이 제국주의 국가였을 때 일본 장교들은 자비로 권총을 샀다고 하는데, 맞습니까?"

"예, 그렇습니다."

"그렇다면 이 총포사도 그 당시 장교들을 위해서 권총을 판매하거나 하지 않았습니까?"

"그랬다고 들었습니다."

M1910 카탈로그를 바라봤다. 그러나 그 이상의 대답은 들을 수 없었다. 그 당시 장교들이 어떤 총을 샀는지, M1910도 팔았는지에 대한 기록은 없었다.

아키하바라의 총포사를 빠져나와 쉬엄쉬엄 총기상점을 둘러보는 와중에 다큐멘터리 촬영 팀에 있던 설지운 PD가 덤덤하게 말문을 열었다.

"M1900을 일본군 장교가 빼돌렸을 수도 있겠네요?"

제대로 뒤통수를 맞은 느낌이었다. 결론부터 말하자면, 그럴 가능성이 있다.

지금까지 내가 보고 느낀 것들을 종합해보면 일본인들은 이토 히로부미에 대해 큰 관심이 없었다. 이토 히로부미에게 관심이 없는데, 그를 죽이는 데 쓰인 총에 대해 관심이 있을 리가 만무했다. 그렇다면 일본 정부가 애써 지금까지 총을 숨겨놓을 이유가 없다. 안중근 장군이 하얼빈 의거를 성공시킨 다음 M1900은 증거품으로 압수됐다. 물론 당시에는 안중근 장군의 총기가 독립운동의 상징이 될 수도 있었다. 그러나 법적으로 보자면 증거품이었고, 이미 그 효력은 재판이 끝난 뒤에는 소멸됐다. 증거의 '왕'이라 불리는 안중근의 '자백'이 있었고, 수많은 증인들의 증언이 있었다. 지금 M1900에 남은 것은 정치적인 상징 정도일 뿐이다.

일본인 입장에서 M1900은 어떤 의미일까? '범죄에 사용된 총기' 그 이상도 이하도 아니다. 정치적인 용도로 사용될 것이 아니라면, 국가 간의 분쟁의 소재로 활용될 것이 아니라면 그저 하나의 총일 뿐이다. 이러한 단서들을 바탕으로 지극히 주관적인 하나의 시나리오를 작성해보았다.

· 국경을 넘어 공무원들은 행정 편의를 추구한다. 이를테면 '공소시효'는 어마어마한 서류들을 털어버리기 위해서 만들어진 법

적 장치에 불과하다.

· 압수품이나 증거품의 경우 시한이 지나면 파쇄하거나 경매에 넘기는 시스템이 국가마다 있다.

· 이 와중에 압수품을 빼돌리는 공무원들의 모습 역시 국가를 뛰어넘어 심심찮게 확인된다.

· 하얼빈 의거 이후 세월이 흘러 안중근과 이토 히로부미에 관한 기억이 희미해질 때쯤 어떤 공무원이 M1900을 빼돌렸다면?

· 빼돌린 주체는 이토 히로부미와 관련된 자일 수도 있고, 그렇지 않은 자일 수도 있다. 군인인 경우 쉽지는 않겠지만 민간에 빼돌렸을 수도 있다.

· 이후 행정적으로 복잡한 문제를 털어버리기 위해 관동대지진 당시 분실했다고 공표한다면?

이것은 내가 일본에서 보고 느낀 솔직한 감정으로 떠올린 하나의 시나리오에 불과하다. 논리적 완결성도 떨어지기 때문에 과연 하나의 '가설'로나마 채택될 수 있을지 모르겠다. 그러나 민족주의적인 관점과는 다른 시야를 보여줄 것이다. 내가 작성한 시나리오는 다음의 한마디로 정리된다.

"부패한 공무원이 경제적인 이유로 압수품을 빼돌려 팔았을지도 모른다."

우리의 입장에서 안중근 장군의 M1900은 무한한 가치가 있겠지만, 일본에게는 그렇지 않다. 역사적 가치에 대해서는 생각하지 않는 이들이 이것을 팔았을 수도 있고, 빼돌렸을 수도 있다. 최소한 일본의 주요 국가기관인 헌정기념관, 법무사료 전시실, 외교사료관에는 M1900이 있을 것 같지 않았다. 정말로 일본 정부는 이 총의 행방을 모를 수도 있겠다는 생각이 들었다.

확실한 사실은 안중근이 사용한 M1900은 사라졌고, 이 프로젝트는 그것을 되찾기 위해 시작되었다는 것이다.

이토 히로부미 별장에서
'부가옹'을 보다

문득 이토 히로부미를 직접 만나보고 싶었다. 그의 고향 조슈(야마구치)에 있는 '총리대신' 이토 히로부미가 아니라 '자연인' 이토 히로부미를 보고 싶었다.

1년 반이 넘도록 이토 히로부미와 안중근, 두 명의 인간을 좇아왔다. 그런데 지금까지 우리는 총리대신 이토 히로부미와 대한의군 참모중장 안중근, 즉 성취를 이룬 후의 모습으로만 이들을 기억하고 바라봤다. 문득 이런 생각이 떠올랐다.

'이토 히로부미가 죽었을 때 나이가 예순여덟이었다.'

처음에는 의식하지 못했지만, 시간이 흐를수록 그의 나이가 68세라는 사실이 눈에 들어왔다. 그 당시의 평균수명을 생각한다면 거의 천수를 다 누렸다고 할 수 있을 것이다.

자연인 이토 히로부미는 어떤 모습일까 생각하다 떠올린 것이 이토 히로부미의 별장이었다. 안중근 장군의 하얼빈 의거가 있기 10년 전 즈음에 이토 히로부미는 요코하마 해안가에 별장을 하나 지었다. 현재 남아 있는 이토 히로부미의 별장은 그가 처음 지었던 형태로 유지된 것이 아니라 당시 설계도를 바탕으로 최근에 다시 복원한 것이다.

직접 찾아가본 요코하마의 별장은 예상 밖의 모습이었다. 이토 히로부미는 골동품을 수집한다거나 부를 쌓아 놓기보다는 오로지 여자만 바라봤던 모양이다. 그의 취미이자 생활은 여자에 대한 도락道樂이었다.

그러한 사실을 감안한다 해도 별장은 지극히 초라한 모양새였다. 네 번이나 총리로 있었고, 네 번이나 추밀원樞密院(일왕의 자문기관) 의장을 지냈으며, 조선 통감부의 초대 통감이었고, 귀족원 의장을 지냈던 이의 별장치고는 너무 보잘것없었다. 지역의 졸부가 해안가에 지은 조금 큰 집 정도의 느낌이었다.

태평양이 보이는 입지 조건과 별장을 둘러싼 소나무는 집의 가치를 올려 주었지만, 집 자체는 평범했다.

"풍광이 좋은 집이네."

감상은 거기까지였다. 거기서 보지 말아야 할 것도 보았다. 이토 히로부미가 50대 중반에 찍은 사진이었다. 구부정한 허리를 지팡이로 받쳐 든 사진. 연미복 차림도, 양복 차림도 아니었다. 하카마를 입은 모습의 이토 히로부미는 영락없는 부가옹富家翁의 모습이었다. 욕망에 찌든 부잣집 노인이라고 해야 할까? 마음 한구석에서 생각의 편린 하나가 스멀스멀 기어 올라오고 있었다.

"이토 히로부미도 사람이었네."

머리엔 서리가 내렸고, 세월의 무게로 등은 굽어졌다. 하얼빈에서의 이토 히로부미는 당당한 정치인의 모습이었지만, 10년 전 이토 히로부미는 노인이었다.

"권력이 사람을 변화시키는 걸까?"

"상황이 사람을 바꾸는 거지."

"상황이?"

"일본과 한국의 상황."

"이토에게도 하얼빈은 전장이었고, 안중근에게도 하얼빈은 전장이었지. 전장에서의 남자는 전사가 되는 거지."

맞는 말이었다. 이토 히로부미가 하얼빈에 간 것은 일본을 대표하는 정치인으로서 일본의 국익을 얻기 위함이었다. 외교의 전장에서 이토 히로부미는 생각지 못한 복병 안중근을 만나 처참하게 목숨을 잃었다.

이토 히로부미에게 값싼 연민이나 동정을 느끼는 것이 아니다. 그가 한국의 적敵이었다는 것, 일본의 이익을 위해 한국을 침략했고 한민족을 수탈했다는 사실을 부정하거나 외면하자는 것이 아니다. 자신의 야망을 위해 자기보나 약한 이들을 골라서 베어 죽였던 잔악한 존재였지만, 세월 앞에서는 '그도 사람이었구나'라는 생각이 들었을 뿐이었다. 시대가 사람을 그렇게 만드는 것인지도 모르겠다. 그리고 그 시대는 사람들의 기억을 흐릿하게 만들었다.

2017년 아베 신조는 메이지 유신 150주년을 기념한다며 이토 히로 부미, 무쓰 무네미쓰陸奧宗光(조선 침략의 숨겨진 원흉으로 을미사변의 배후 조종자), 사이온지 긴모치西園寺公望(총리를 역임한 일본 정계의 원로. 조선 침략에 앞장섰다) 등의 옛 저택을 '메이지 기념 오이소 저택원'으로 정비하기로 했다.

일본은 메이지 유신의 추억을 회상하며, 그때로 되돌아가고 싶어 한다. 일본 국민 모두가 그런 것은 아니지만, 최소한 아베 신조는 그러하다. 메이지 유신의 추억은 곧 한국을 침략하던 시절로 돌아가겠다는 의미다. 이미 일본 내에서도 희미해진 이토 히로부미와 그를 잇는 우익 정치인들에 대한 기억을 다시 끄집어내 영광으로 포장하겠다는 것. 한국인의 입장에서는 분노할 수밖에 없다.

눈앞에 있는 등이 굽은 백발의 노인을 보며, 이 늙은 노인을 다시 끄집어내야 할 정도로 다급한 것인지 일본 정부에게 묻고 싶었다. 누군가에게는 영광의 기억이 다른 이에게는 슬픔과 고통의 기억이라는 사실을, 그리고 이 슬픔과 고통의 목소리를 저항의 총성으로 바꾼 것이 하얼빈 의거였다는 사실을 기억해줬으면 한다. 그것이 역사다.

안중근, 사라진 총의 비밀

안중근을 기리는 절
'다이린지'를 방문하다

이 프로젝트를 시작했을 때부터 꼭 한 번 방문해야겠다고 마음먹었던 곳이 있었다. 바로 일본 미야기현 구리하라시에 있는 다이린지(대림사)다. 안중근에 대해 조금만 조사해보면 뤼순 감옥의 간수 지바 도시치와 안중근의 우정에 관한 일화를 확인할 수 있다. 처음에는 안중근에 대한 반감으로 똘똘 뭉쳐 있던 지바 도시치였지만, 차츰 시간이 흐르면서 안중근의 인격과 품성에 반해 이들은 죄수와 간수라는 신분을 뛰어넘어 우정을 쌓게 된다.

그리고 안중근 장군이 사형 선고를 받기 직전에 지바 도시치에게 건넨 유묵이 '위국헌신군인본분'이다. 지바 도시치는 이후 고향 미야기현으로 돌아와 집안에 불단을 세우고, 안중근 장군의 위패와 사진, 유묵을 놓고 불공을 드렸다. 지바 도시치 사후에는 부인 아오키에서 손자 지바 세이치로 불단 배례가 이어졌다. 안중근 장군의 유묵은 지바 도시치가 다니던 절인 다이린지에 위패와 함께 모셔졌고, 지난 1979년 안중근 장군 탄생 100주년에 맞춰 한국으로 반환됐다. 여기까지는 앞에서도 소개했던 내용이다.

그런데 한 가지 의문이 있었다. 개인의 입장에서는 일본인이라도 안중근 장군을 추모할 수 있겠지만, 다이린지는 공동으로 사용하는 종교 시설이자 사찰이다. 이곳 주변에 사는 일본인들이 과연 절에 모셔진 안중근을 용납할 수 있었을까? 우리는 여기서 다이린지가 위치한 곳의 특성에 대해 생각해봐야 한다.

메이지 유신 당시 구체제를 유지하려는 막부군과 새로운 통치체제를 세우려는 신정부군 사이에 심각한 내전이 있었다. 이미 도쿠가와 막부 쇼군이 메이지 덴노에게 통치권을 반납하는 대정봉환을 선언했지만, 여전히 막부군의 세력은 건재했고 신정부군과의 전쟁은 피할 수 없었다. 이것이 바로 보신전쟁戊辰戰爭(1868년 무진년에 일어났다고 해서 '무진전쟁'이라고도 불린다)이다. 이때 막부 편이었던 아이즈번은 신정부군과 싸우다 패퇴해 도호쿠 지방東北地方(동북지방)으로 후퇴하게 된다. 신정부군은 동북지방의 여러 영주들에게 아이즈번 병력들의 길을 막아 달라 했지만, 동북지방 영주들은 이를 거부한다. 거꾸로 동북지방 영주들은 '오우에쓰 열번 동맹奧羽越列藩同盟'을 맺고 메이지 유신 정부에 대항하게 된다.

신정부군은 동북지방을 철저히 박살냈지만, 이 전쟁의 후유증을 극복하는 데 한 세대 이상이 걸렸다. 지금도 동북지방은 일본 내에서도 낙후된 지방으로 유명하며, 이곳 사람들은 중앙정부에 대한 감정이 좋지 않다. 아이즈번은 오늘날 동북지방의 후쿠시마 지역에 위치해 있으며, 이곳은 일본 정부의 무책임과 방관의 결정체인 2011년 원자력 발전소 사고의 후유증이 남아 있는 곳이기도 하다.

다이린지가 자리한 구리하리시 역시 동북지방에 속한다. 이토 히로부미는 메이지 유신 정부의 핵심 인사였고, 그런 인물을 죽인 안중근에 대해 다이린지가 속한 지역의 사람들은 심각한 반감을 지니지 않았을 것이다. 동북지방의 지역적 특성 때문에 별 탈 없이 다이린지에서 안중근 장군을 기리고 있는 것이라 생각된다.

다이린지는 외관상으로는 그리 특별하게 보이지 않는 절이었다. 그러나 불단으로 향하는 길에서 우리는 커다란 유묵비 하나를 발견할 수 있었다. 거기에는 우리에게 익숙한 문구가 새겨져 있었다.

"위국헌신군인본분爲國獻身軍人本分."

일본 땅에서 이 글을 볼 줄은 몰랐다. 감동에 젖어 있을 때 주지 사이토 타이겐斉藤泰彦 스님이 우리를 반겨 주었다. 연세는 들어보였지만, 정정하셨다. 스님은 절 안쪽으로 우리를 안내하더니 안중근 장군과 다이린지에 대한 이야기를 해주셨다.

이야기가 오가며 깜짝깜짝 놀랄 만한 발언들이 나왔다. 스님이 전직 기자 출신이었다는 사실에 조금 놀랐다. 스님의 말씀을 들으며 절안 이곳저곳을 둘러보는데, 안중근 장군에 대한 존경과 추모의 마음으로 위패를 모시고 있다는 것을 확인할 수 있었다. 사전에 우리가 방문한다는 사실을 알리지 않았는데도, 안중근 장군의 유묵비와 지바도시치 아내의 불단, 안중근 장군 위패에 꽃이 꽂혀 있었다. 그것도 싱싱한 생화로 말이다. 매일 아침 꽃을 갈아준다는 말이 거짓이 아니었다. 스님은 진심으로 안중근 장군을 모시고 있었다.

지바 도시치 가문과 안중근 장군의 인연에 대해 설명하면서 스님은 후대들에게 안중근 장군의 철학과 사상을 전해줘야 한다는 것을 강조했다. 여기서 다시 한 번 놀란 것이 일본에 대한 스님의 생각이었다.

"한국이 일본보다 열 배 이상 강해져야 한다."

빈말이나 인사치레가 아니었다. 타이겐 스님의 눈빛이나 말투, 분위기에서 진심인 것을 확인할 수 있었다. 손으로 코와 귀를 떼어내는 손동작을 하더니 이렇게 이야기했다.

"교토에는 미미즈카耳塚(귀무덤)가 아직 있다. 일본인들이 임진왜란 때 한 짓이다."

임진왜란 당시 도요토미 히데요시 막하의 무장들은 자신들의 전과를 보고하기 위해 사람들의 신체 일부를 잘라서 보냈다. 지금은 '귀무덤'이라 칭하지만, 실제로는 '코무덤'이다. 장수들이 코를 베어 일본으로 보내면 도요토미 히데요시는 이 코의 숫자를 일일이 센 다음 코 영수증을 써서 보냈다고 한다. 이처럼 원래는 코무덤이었으나 너무 잔인하다 하여 에도 시절에 '귀무덤'으로 이름을 바꿨다. 이 코무덤에는 조선인 12만 6,000명의 코가 묻혀 있다.

스님이 '미미즈카'를 이야기할 때는 고개를 끄덕이며 경청했지만, '임진왜란'이라는 말까지 나오자 숨이 턱 막혔다. 일본인들이 임진왜란을 말할 때는 당시의 연호를 따 분로쿠의 역文禄の役(분로쿠노에키) 혹은 게이초의 역慶長の役(일본에서 정유재란을 일컫는 말)이라고 말하는 것이 보통이다. 그런데 스님은 조선인들의 입장에서 일본인들의 침

략 전쟁을 일컫는 말인 '임진왜란'을 똑똑히 발음하셨다. 스님은 한국을 사랑하고 계셨다.

스님의 권유에 따라 안중근 장군 위패에 참배하고 향을 올렸다. 향을 올리고 나서 지금 우리의 프로젝트에 대해 조심스럽게 말씀드렸다. 나름 응원과 격려를 기대했지만, 돌아온 대답은 전혀 의외였다.

"야메떼やめて(안 돼, 그만 해)."

스님은 우리가 총을 들여오고, 복각하는 것을 반대하셨다. 안중근을 기리고, 안중근의 생각을 후대에 남기고 싶어 하시는 스님이 총의 복각만은 반대하셨다.

"지금 남아 있는 유산을 잘 모으고 관리해 후대에 전달하는 것이 중요하다. 후대를 잘 교육시켜야 한다. 그것이 가장 중요하다. 지엽적인 부분에 천착해 또 다른 분란을 일으키는 것보다는 안중근이란 분의 본령에 다가가는 것이 더 중요하다."

스님의 본의本意는 작은 일에 집착하기보다는 안중근 장군이 떠나면서 남긴 것들을 안전하게 보존해 후손에 물려주는 것이 더 중요하다는 말씀 같았다. 스님의 생각에 대체적으로 공감했지만, 전제가 있었다. 바로 '사람들이 안중근 장군에 대해 관심이 있어야 한다'는 것이었다. 스님 말씀처럼 안중근 장군의 좋은 뜻을 후대에 전달해주는 과제는 중요하다. 그러나 그 좋은 뜻의 시작은 안중근이란 존재 자체에 대한 사람들의 관심과 애성이다.

일본에 왔을 때 처음 느꼈던 것은 '일본인들에게 이토 히로부미는 잊힌 존재'라는 것이었다. 잃어버린 총을 찾으러 왔다가 잃어버린 이토 히로부미를 발견했다고 해야 할까. 한국의 경우는 일본보다는 낫다고 할 수 있을 것이다. 최소한 안중근 장군이 누군지에 대해서는 대부분의 한국인들이 알고 있을 테니 말이다(물론 잘 모르는 사람들도 있겠지만 최소한 그 이름만은 기억하고 있을 것이다).

문제는 그다음이다. 안중근이란 사람이 목숨을 버려가면서까지 우리에게 남긴 뜻을 후학들이 이어받아야 하지만, 그 관심이나 열기가 아직 미약하다. 〈잃어버린 총을 찾아서〉라는 프로젝트는 '총'을 소재로 안중근 장군을 찾아가는 이야기이다. 처음에는 안중근이 사용한 실총이 없다는 사실을 발견하고 '하나 만들어 볼까'라는 단순한 생각에서 시작되었지만 실총을 구입하고, 미국에서 사격 실험을 하고, 일본을 찾아가 총의 행방을 수소문한 끝에 이렇게 안중근 장군의 숨겨진 이야기까지 듣게 되었다.

우리는 스님의 말씀을 '지엽적인 부분에 천착해 본질인 안중근 장군의 뜻을 놓치지 말라'는 의미로 해석했다. 그렇다면 'M1900'이야말로 안중근 장군의 뜻이 집약된 결정체로 볼 수 있지 않을까 하며 우리는 스스로를 다독였다. 프로젝트에 참여한 모든 사람들이 M1900을 통해 안중근이란 사람의 생각을 전달하려 했다. 실제로 프로젝트가 진행되면서 안중근 장군과 관련된 다양한 사업체와 연결됐고, 안중근과 총에 관한 수많은 이야기를 쌓아갔으며, 다양한 매체를 통해 이를 전달하고 사람들에게 알려나갔다. 이 모든 과정에서 벌어진 실수나 문제가 있다면 이는 전적으로 프로젝트를 진행하는 우리 자신의 책임이다.

다만 한 가지 확실하게 말할 수 있는 것은, 이 프로젝트를 진행하는 기간 동안 우리는 우리가 가지고 있는 모든 돈과 시간, 노력을 쏟

안중근, 사라진 총의 비밀

아부었다는 것이다. 우리의 뜻이 곡해돼 억울할 때도 있었고, 도움을 얻지 못해 참담했던 적도 있으며, 다른 활동으로 프로젝트 비용을 충당하며 미래를 걱정했던 시간도 많았다. 멀쩡했던 몸이 탈이 나 하루가 멀다 하고 병원을 들락거렸다. 프로젝트를 진행하는 동안 세 남자가 멀쩡했던 적은 단 하루도 없었다. 하루에도 몇 번씩 '왜 이 일을 해야 하는지'에 대해 반문했다.

그럼에도 불구하고 한 가지 자부심은 있었다.

"누군가는 해야 할 일이다. 그걸 우리가 하고 있다."

이 말을 받아들인 순간 이 프로젝트는 '짐'이 아니라 '사명'이 됐다.

11장

퇴로는 없다

한국사의 잃어버린
세 가지 무기

어떤 역사학자가 내게 건넨 말이다.

"한국사에서 꼭 찾아야 할 무기가 세 점 있다. 첫째는 신궁이라 평가 받는 태조 이성계의 '어궁御弓'이다. 태조 이성계가 고려 장수 시절부터 수많은 전투에 사용하던 실전용 활로서 일제시대까지 함흥본궁에 남아 있다가 사라졌다. 둘째는 충무공 이순신의 실전검인 '쌍룡검雙龍劍'이다. 마찬가지로 일제시대까지 종가에 전해지다가 사라졌다. 마지막으로 안중근 장군의 'M1900'이다. 이 세 점의 무기는 한국사에서 꼭 찾아야 할 유물들이다."

태조 이성계가 사용한 칼인 어검은 현재 국립 고궁박물관에 남아 있다. 그러나 '이성계' 하면 활이지 않은가? 이순신의 검도 마찬가지

한국사를 대표하는 무기의 주인공들. 왼쪽부터 이성계, 이순신, 안중근.

다. 이순신 장군의 검은 모두 여덟 개로 알려져 있는데, 이중 쌍수도 두 자루는 현재 아산 현충사에 있고, 귀도 두 자루와 참도 두 자루는 통영에 있는 충렬사에 있다. 문제는 쌍룡검이다. 쌍룡검은 이순신 장군이 가장 좋아했고 실전에서 사용했던 검이다.

'칼은 다 거기서 거기다'라고 여길 수 있는데, 아산 현충사에 있는 이순신 장군의 쌍수도를 보면 쉬이 그런 생각이 들지 않을 것이다. 쌍수도는 의장용 검으로 전투에서 휘두르기에는 부적합한 것이다. 그럼 통용에 있는 검 네 자루는? 귀도와 참도는 이순신 장군과 인연이 닿지 않은 검이다. 명목상으로는 이순신 장군의 검이지만, 이순신 장군은 생전에 이 검을 만져보지 못했다. 이 검들은 명 황제가 이순신 장군에게 선물로 보낸 것인데, 이순신 장군이 전사한 후에야 도착했다.

쌍룡검은 이순신 장군이 실전에서 사용했던 검이다. 이 검은 1910년도까지의 행방은 확인된다. 이때까지만 하더라도 궁내부박물관에 이 검이 놓여 있었다. 그러나 어떻게 된 일인지 그 이후의 행적이 지금까지도 묘연하다.

역사학자의 이야기는 계속 이어졌다.

"이상의 무기 세 점은 실전을 통해 역사를 바꾼 무기이기도 하지만, 각각 활, 칼, 총으로 대표되며 한국 무기 발달사에서도 상징적인 위치를 차지하고 있다. 안중근 장군의 총이 세상에 모습을 드러낸다면 그 역사적 가치는 매우 높다고 할 수 있다."

이는 몰랐던 사실이었다. 그는 지금 우리가 하고 있는 일에 대한 가치를 상기시켜주었다.

현실적으로 이 세 점의 무기가 다시 세상에 나타날 확률은 그리 높지 않다. 누군가가 소장하고 있다 해서 이를 다시 공개할 확률이 낮고, 타국의 정부기관이나 유력자가 소장하고 있다면 이 역시도 되찾아올 확률이 낮다. 그럼에도 불구하고 우리는 이 무기들을 찾는 노력을 멈춰서는 안 된다. 이 세 점의 무기가 곧 우리 한민족의 역사이며, 투쟁의 산물이기 때문이다. 공교롭게도 이 세 점의 무기는 모두 다 일본을 상대로 한 무기들이다.

'갈 수 있는 길'과
'가지 않은 길'

2019년 4월쯤이었을 것이다. "갈 수 있는 길로만 가자"라 말하며 스스로를 말렸던 기억이 난다. 애초에 총기 복각만을 염두에 두고 시작한 프로젝트가 실총을 구매하는 것으로 발전했고, 이 실총을 기반으로 복각을 하는 것으로 최종 결론이 났다. 다큐멘터리 촬영과 함께 도서 출간을 위한 작업이 진행됐고 지상파 다큐멘터리 출연까지 결정됐다. 프로젝트 예산은 예상치를 훌쩍 뛰어넘었고 회사에 남은 여유 자금은 위험 수준까지 떨어졌으며, 프로젝트 중단을 고민할 때쯤 회사의 운영자금까지 끌어와 투입하는 초강수를 입에 올리게 됐다.

일로 벌어들인 수익을 고스란히 투입하는 방식의 반복이었다.

"수익은 기대하지 말고, 두 자리 마이너스 선에서 프로젝트가 마무리되면 성공한 거다."

앓는 소리가 아니다. 프로젝트를 진행하면서 대표와 상의한 최종 결론이다. 더 이상 일을 벌이지 말아야 했고, 수습을 해야 했다. 그러나 프로젝트는 우리의 의도와 뜻과는 다르게 자가 증식을 하듯 점점 커져갔다. 인력과 시간, 돈은 한정적인데 투자비용과 규모는 갈수록 늘어갔다.

"갈 수 있는 길로만 가자."

수없이 되뇌었지만, 대답은 언제나 하나였다.

"누군가는 해야 할 일이다. 그걸 우리가 하고 있다."

거창한 사명감도 아니고, 국가에 대한 충성이나 애국심도 아니었다. 〈잃어버린 총을 찾아서〉란 프로젝트를 진행하는 데 필요한 동기는 '누군가는 해야 할 일'이었다. 이런 '자기암시'라도 없다면 버텨내기 힘들 것이기에 스스로에게 최면을 걸듯 주문처럼 외웠다. 그리고 여기까지 왔다.

총은 구매했고, 국내외 관계기관의 협조를 구해 국내 반입절차에 들어갔으며, 미국에서의 사격을 통해 안중근 장군이 하얼빈에서 어떻게 총을 쏘았는지 윤곽을 그릴 수 있게 됐고, 일본에서 '총번 262336'이 새겨진 M1900을 찾기 위해 총이 있을 만한 곳을 확인하고 그 가능성까지 타진해봤다.

안중근 기념관에 배치된 플라스틱 덩어리 총 하나를 보고 제대로 된 총 한 자루 기증하자고 쉽게 시작한 일이었는데, 어느새 우리 손으로 제어할 수 없을 만큼 커다란 프로젝트가 됐다. 우리가 그동안 잊어왔던 안중근이란 사람의 그림자였다.

"갈 수 있는 길로만 가자"는 말은 40대 중반의 남자에게는 너무도 당연한 생각이다. 삶의 풍파를 어느 정도 겪어본 나이이며, 모험보다는 안정을 택할 나이이다. 나 역시도 마찬가지다. 지난 세월 동안 너무 모진 풍파를 겪었다. 회사 대표는 삶에 치여 있는 나에게 "남들보다 딱 10년만 더 일한다고 생각하고 버텨 보세요"라 말했다. 가장 현실적인 조언이자 위로였다. '모험 대신 안정'은 선택의 문제가 아니라 생존의 문제였다.

이런 나에게 〈잃어버린 총을 찾아서〉란 프로젝트는 삶의 본질에 대한 의문으로 다가왔다. '갈 수 있는 길로만 가야 한다'는 생각이 이 프로젝트에 의해 무너졌다.

철학을 공부하는 사람들에게 '피투성被投性'이란 말은 인간의 존재에 대한 가장 기본적인 설명이라 할 수 있다. 피투성을 가진 존재란 한마디로 '세상에 던져짐을 당한 존재'다. 인간은 어느 누구도 태어나고 싶어서 태어나지 않았다. 특별한 의미부여 이전에 인간은 말 그대로 세상에 '그냥' '툭' 던져졌다. 이 말을 철학적으로 정리하자면, 인간이란 존재는 세상 안에서 살아가도록 규정지어진 존재, 즉 '세계 내 존재'라 할 수 있다.

이렇게 강제로 내던져진 존재인 인간은 이 세계에서 아무것도 거부할 수 없다. 이미 만들어진 세상에 던져졌으니 세상에 '종속돼' 살아가야 한다. 인간이 과연 자신의 시작인 '탄생'과 종말인 '죽음'에 개입할 여지가 있을까? '삶'과 '죽음'을 눈앞에 두고 인간이 정말로 자유롭게 선택할 수 있는 여지는 사실상 없다(자살 같은 예외적인 죽음은 논외로 치자). 삶과 죽음 사이에 있는 '인생'이란 영역에 있어서도 인간이 선택할 수 있는 것은 지극히 한정적이다. 사실 우리가 우리 자신의 '의지'와 '선택'이라고 여기는 것들이 온전한 의미에서의 '선택'인지도 잘 모르겠다.

사르트르가 말했듯이 인생은 B와 D 사이의 C(선택)다. 선택만이 우리가 할 수 있는 유일한 방법일지 모른다. 그러나 그 선택마저도 온전히 제대로 한 경우가 별로 없다. 우리가 인식하지 못하는 것일 뿐 우리는 우리를 둘러싼 사회의 압력과 교육에 의해 '예상할 수 있는' 선택만을 하는 경우가 많다. 소위 말하는 '교과서적인 삶', '안정적인 삶'의 모델이다.

그런데 여기서 반전이 하나 나온다. 바로 '기투성企投性'이다. 우리는 우리의 자발적 의지가 아니라 타의에 의해 세상에 내던져진 존재다. 그러나 우리에게는 다시 한 번 우리 자신을 내던질 수 있는 자유가 주어져 있는데 그것이 바로 '기투'다. 던지는 대상에 대해서는 상관이 없다. 누군가에게는 돈이, 다른 이에게는 명예가 그 대상이 될 수 있다.

중요한 것은 자신의 의사와 선택에 따라 던질 수 있느냐는 것이다. 그 선택의 방향은 중요치 않다. 어떤 방향으로 가든지 그것이 내 선택과 의지에 따른 것이라면 그에 따라 주어지는 과제와 책임을 성실히 이행하면 될 일이다.

"죽기 전에 죽는다"란 말이 있다. 자신의 모든 것을 걸고 던져보면 된다. 그 뒤의 문제는 없다. 안중근은 나이 서른에 모든 것을 내던질 대상을 찾았다. 그의 행위 자체에 대한 주변의 반응은 중요치 않았다. 안중근이라는 개인에게 있어서 하얼빈 의거는 온전한 선택이었다.

누가 시켜서가 아닌 자신의 의지로 선택을 했다. 안중근은 '죽기 전에 죽기'로 결심을 했고, 자신의 선택에 대한 대가를 지불했다.

〈잃어버린 총을 찾아서〉라는 프로젝트가 그랬다. 세상에 내던져진 존재로 시작했으나, 어느 순간 프로젝트는 스스로의 동력으로 굴러갔고, 그 안에서 우리는 적당한 타협을 보고 갈 수 있는 길로만 가야 할지 고민했으나 궁극적으로는 '갈 수 없는 길', '가지 않았던 길'로 나아가야 한다는 것을 깨닫게 됐다.

선택의 순간 머릿속에 떠오른 것은 두려움이었다. 선택의 대가를 어떻게 치를 것인가?

생각해보니 나 스스로 대가를 치르겠다고 결심한 상태로 선택을 했던 기억이 별로 없었다. 손에 꼽을 정도? 내가 선택했다고 생각한 것들도 따지고 들어가면, 떠밀리듯 혹은 주변의 압력에 설득 당해서 해온 것들이었다. 그러고는 "내가 선택한 것이다"라며 스스로를 합리화했다.

스스로가 납득하지 못한 것들을 이해하기 위해서는 끊임없이 스스로를 설득해야 한다는 것을 우리는 알고 있다. 가다가 멈추고, 이 길이 맞는지를, 이런 방식이 옳은지를 반문한다. 내가 선택한 길이 아니기 때문이다. 더 무서운 것은 이런 와중에 '대가'를 치를 때가 오면 내 선택에 핑계를 댄다는 것이다.

이런 패턴이 마흔이 되면 당연함으로 돌아오게 된다. 지켜야 할 것이 많아지는 나이라고 한다. 그런데 그동안 지켜온 것들을 포기해야 하는 프로젝트에 마흔이 되어서야 뛰어들게 됐다.

110년 전에 하얼빈에서 울렸던 총성을 재현하기 위해서 치러야 할 대가는 생각 외로 컸다. 호기심으로 시작된 이야기가 어느 순간 목숨을 걸고 덤벼야 할 휴먼 다큐멘터리 분위기로 흘러갔다. 고백하건대 프로젝트를 포기하고 싶은 망설임의 시간도 있었다. 망설임의 순간에 다시 떠올린 것이 '처음'이었다.

"이 총을 왜 찾았던 거지?"

최초의 감정, 마음, 느낌을 떠올렸다. 호기심, 즐거움이었다. 스스로에게 반문했다.

"이건 네가 선택한 것인가?"

과연 나 자신의 선택이었는지 몇 번이나 스스로에게 채근했다. 내 선택이었다. 결여된 것은 하나였다. 그 선택에 대한 대가를 치를 준비 없이 선택을 했던 것이다. 생각이 거기에 이를 때 떠올린 인물은, 역시 안중근이었다. 그의 행위나 역사기록이 아니라 인간 안중근이었다.

'죽기 전에 죽었던' 그의 선택을 지금의 프로젝트와 비교하는 것은 실례되는 일일지도 모른다. 목숨을 걸었던 이와 비교할 만한 이야기가 아니다. 내가 고민했던 대목은 "선택의 대가를 치르지 않거나 좀 '덜' 치르는 방법을 고민했던 게 아닐까"라는 속물근성, 한마디로 계산기를 두들기던 시간이었다. 고민은 거기서 멈췄다.

이 프로젝트를 하면서 내가 얻은 가장 큰 소득은 총을 복각하는 것도, M1900을 발사하는 것도, 총의 행방을 유추한 가설도 아니었다. 내가 머리로만 알고 있었던 것을 '몸'으로 확인해온 과정 그 자체였다.

삶과 죽음 사이에서 우리가 자유로워질 수 있는 단 하나의 방법은 온전한 내 의지로 선택을 하고, 그에 대한 대가를 치르는 것이다. 다시 말하지만, 우리의 몸을 던질 대상이 어떤 것인지는 중요치 않다.

그 선택이 온전히 내 의지로만 이루어져야 하고, 그 선택에 대한 대가를 치르겠다는 확신만 있다면 그 삶은 완결성을 지니는 것이다. 이것이 지난 1년 반 동안 안중근이란 인물을 파고들며 내린 결론이다.

안중근이란 인물을 기억하는 수많은 방법들이 있다. 그가 죽은 지 110년이 지난 지금까지도 수많은 이들이 그를 독립운동가, 애국자로 기억하고 바라본다. 나 역시도 마찬가지였다. 그러나 사람들이 바라고 동경하는 모습의 안중근은 안중근의 일면이었다. 나는 안중근이란 한 개인이 하얼빈 역사로 걸어가기까지 어떤 선택의 순간을 거쳤고 숨 막히는 대가를 치렀는지에 주목했다. 그것은 '영웅 안중근'을 넘어 '인간 안중근'이 걸어간 길이었으며 우리 모두가 걸어가야 할 길이기도 했다.

안중근, 사라진 총의 비밀

이토 히로부미를 저격하고 빼앗긴 M1900을 찾아서

1판 1쇄 인쇄 2019년 10월 18일
1판 1쇄 발행 2019년 10월 26일

지은이 이성주
펴낸이 고병욱

기획편집실장 김성수 **책임편집** 김경수 **기획편집** 허태영
마케팅 이일권, 송만석, 현나래, 김재욱, 김은지, 이애주, 오정민
디자인 공희, 진미나, 백은주 **외서기획** 이슬
제작 김기창 **관리** 주동은, 조재언 **총무** 문준기, 노재경, 송민진

펴낸곳 청림출판(주)
등록 제1989-000026호

본사 06048 서울시 강남구 도산대로 38길 11 청림출판(주)
제2사옥 10881 경기도 파주시 회동길 173 청림아트스페이스
전화 02-546-4341 팩스 02-546-8053

홈페이지 www.chungrim.com
이메일 cr2@chungrim.com
페이스북 https://www.facebook.com/chusubat

ⓒ 이성주, 2019

ISBN 979-11-5540-156-9 03910